財務省のスピリチュアル診断

増税論は正義かそれとも悪徳か

大川隆法

RYUHO OKAWA

まえがき

日本国民が公務員のみで構成されているのであれば、財務大臣や財務次官の守護霊の言っていることも一理はあろう。しかし、日本はまだ、共産主義国家ではない。自由からの繁栄が経済発展のもとであり、国家による統制は最小限に抑《おさ》えなくてはなるまい。統制経済のゆきつく先は配給制《はいきゅうせい》であり、現在の北朝鮮のような国家となる。私たちは、「人権」を持った国民の「自由の盾《たて》」になる所存《しょぞん》である。

このまえがきを書いている前日にも、和名のついている尖閣諸島《せんかくしょとう》周辺の島、70ぐらいに、中国が中国名をつけて、固有の領有権を主張していることが報道されている。海底資源が欲しいのである。

財務省も国民をいじめることばかり考えるのはやめて、国民の生命・安全・財産を真剣に守ってはどうか。それが国民が納税していることの真の意味でもあろう。

二〇一二年　三月四日

国師《こくし》　大川隆法《おおかわりゅうほう》

財務省のスピリチュアル診断　目次

第1章　財務大臣・安住淳氏守護霊《あずみじゅんしゅごれい》インタヴュー

二〇一二年三月二日　収録

第2章　財務事務次官・勝栄二郎《かつえいじろう》氏守護霊インタヴュー

二〇一二年三月二日　収録

3 「共産主義国家完成」という理想

「霊言《れいげん》現象」とは、あの世の霊存在の言葉を語り下ろす現象のことをいう。これは高度な悟りを開いた者に特有のものであり、「霊媒《れいばい》現象」（トランス状態になって意識を失い、霊が一方的にしゃべる現象）とは異なる。

また、人間の魂は六人のグループからなり、あの世に残っている「魂の兄弟」の一人が守護霊を務めている。つまり、守護霊は、実は自分自身の魂の一部である。

したがって、「守護霊の霊言」とは、いわば、本人の潜在意識にアクセスしたものであり、その内容は、その人が潜在意識で考えていること（本心）と考えてよい。

第1章

財務大臣・安住《あずみ》淳《じゅん》氏
守護霊《しゅごれい》インタヴュー

二〇一二年三月二日　収録

安住淳《あずみじゅん》（一九六二～）

宮城5区選出の衆議院議員（民主党所属）。宮城県石巻市《いしのまきし》出身。早稲田《わせだ》大学社会科学部卒業後、ＮＨＫに報道記者として入局。その後《ご》、一九九六年の衆院選で初当選を果たす。野田佳彦《のだよしひこ》内閣で初入閣し、財務大臣に就任した。平素の言動から、〝ちびっこギャング〟の異名を持つ。

質問者

立木秀学《ついきしゅうがく》（幸福実現党党首）

黒川白雲《くろかわはくうん》（幸福実現党政調会長）

綾織次郎《あやおりじろう》（幸福の科学理事 兼《けん》「ザ・リバティ」編集長）

※役職は収録時点のもの

1　財務省の「増税論」は本当に正しいのか

『日銀総裁とのスピリチュアル対話』が日銀を動かした

大川隆法　今日の霊言《れいげん》収録は財務省がテーマになります。

今年《ことし》は、正月の一月二日に日銀総裁の守護霊《しゅごれい》との対話を行いました（『日銀総裁とのスピリチュアル対話』〔幸福実現党刊〕）。日銀の内部からは、「守護霊の話の内容が支離滅裂《しりめつれつ》だ」「気味が悪い」などという声が出たこともあるようですが、効果は意外に早く表れました。

その霊言収録後の一月下旬《げじゅん》に、バーナンキ議長の下《もと》、米連邦《れんぽう》準備制度理事会（FRB）が、二パーセントの「インフレターゲット（インフレ目標）」の設定と、実質的なゼロ金利政策の維持《いじ》を決め、その後追いをするかたちで、日銀も、二月に入ってから、一パーセントのインフレ目標の設定と資金の追加供給などを決めたのです。

結局、日銀は、幸福実現党が主張している政策を実施《じっし》することになってしまいました。日銀総裁の霊言が出ているので、「Weird《ウィアード》（気味が悪い）」と言いたい気持ちは分からないではありませんが、日銀は、アメリカにおける最高の知性の持ち主が考えたことと同じことを行う結果になったわけです。

また、同じくアメリカでは、オバマ大統領が、先日（二月下旬）、法人税の最高税率を三十五パーセントから二十八パーセントに引き下げる案を発表しました。アメリカは、政府が日本以上の財政赤字を抱《かか》えていますし、国家としても赤字国家ですが、今、減税に踏《ふ》み切ろうとしています。一方、日本は、政府は財政赤字でも、国家としては、まだ赤字ではないのです。

この流れで行くと、増税路線をひた走っている財務省と野田首相も、そろそろ方向転換《てんかん》をしなくてはならないでしょう。誰《だれ》かが引導《いんどう》を渡《わた》さねばならない時期が来ているのです。彼らから見れば、「宇宙人の攻撃《こうげき》か、はたまた霊界《れいかい》の攻撃か」という、気味の悪い攻撃になるのかもしれませんが、誰かがやらなくてはならないので、当会が、鞍馬天狗《くらまてんぐ》のつもりで、やるしかありません。

「経済に口を出す」のも宗教本来の機能

大川隆法　当会に口出しをされた日銀は悔《くや》しかろうとは思います。宗教が経済に口を出すのは異例のことですし、経済に口出しをしようにも、経済についてはよく分からない宗教が多いわけです。しかし、当会の場合、中心指導神のなかにヘルメスがいて、このヘルメスは「発展・繁栄《はんえい》の神」であり、「商業の神」でもあるのです。

例えば、一橋《ひとつばし》大学の校章には、ヘルメスが所持している「ケリューケイオンの杖《つえ》」が描《えが》かれていますし、商業系の学校にはヘルメス像がよく祀《まつ》られています。

要するに、西洋型の発展・繁栄は、このヘルメス神《しん》から流れてきているものなのです。

当会は、宗教的活動において、「経済的繁栄を推《お》し進める」と言っていますが、それは、決して、宗教的教義から逸脱《いつだつ》しているわけでもなければ、宗教的論理から逸脱しているわけでもありません。また、日本神道《しんとう》には、商売繁盛《はんじょう》や景気がよくなることを願う神もたくさんいますし、インドには商業の神を祀っている所もあります。それは宗教において決して異例ではないのです。

したがって、私は、「宗教が経済に口を出してはいけない」という意味での〝経教分離〟を、決して、正しいと思っているわけではありません。

神の仕事のなかには、人々が間違《まちが》ったことをしたときに罰《ばっ》する仕事もあれば、「正しい道を歩んでいる人々を富ませ、豊かにする」という仕事もあると思います。神が全知全能であるなら、当然、そういう機能を持っていなければならないと思うのです。

大学の宗教学科は、小さく狭《せま》い領域に閉じ込《こ》められているので、法律や政治、経済など、宗教以外のことには口を出せずにいますが、宗教の本来の機能から言えば、宗教が経済に口を出しても、別に、おかしなことではないのです。

また、過去の時代であっても、国政のあり方について、預言や神託《しんたく》のかたちで、いろいろと神の声が下りたことは事実です。そして、過去の政治家というか、天皇のなかには、仁徳《にんとく》天皇など、民《たみ》を富ませ、高い評価を得ている方もいて、そういう方は、天上界《てんじょうかい》においても、この世のことを非常に心配しているのです。

「宗教法人課税」をちらつかせて当会を牽制《けんせい》している財務省

大川隆法　今日は、先般《せんぱん》の日銀に続き、財務省関係者の霊言を収録しようと考えています。最近、マスコミでは、いろいろなところで、宗教法人課税の話題がチラチラと出始めているのですが、これは一種の牽制球《けんせいきゅう》であろうと思います。

もっとも、「増税反対」で〝うるさい〟のは、主として幸福の科学や幸福実現党系統なので（笑）、これを黙《だま》らすのが主眼と思われます。宗教法人課税をちらつかせ、「課税するぞ！」という姿勢を見せて脅《おど》し、「『増税反対』のキャンペーンをやめろ！　黙れ！」ということを暗に言いたいのでしょう。

そのため、証拠《しょうこ》の残らないフリーのライターから、さまざまなマスコミにまで、すでに手を回していると思います。「小さな記事を、いろいろなところに書かせて、しだいに〝空気〟をつくり、大きなマスコミも巻き込んだ流れにして、宗教法人課税に持っていこう」という作戦を立てていることぐらい、分からないわけではありません。

ただ、当会は小さな自我我欲《じがよく》に基《もと》づいて活動しているのではないのです。

もちろん、日銀や財務省も、国家の利益や繁栄を考え、国家的立場で活動しているとは思います。しかし、私は国師《こくし》であり、「日本を沈没《ちんぼつ》させない」という決意の下《もと》に活動しています。宗教家として、国民を守る義務も持っていれば、また、「日本経済が世界を守らねばならない」という強い決意も持っているので、その意味では、公的な立場において一歩も引けを取る気持ちはありません。

財務省の傀儡《かいらい》と化している民主党政権

大川隆法　最近の流れを見るかぎり、財務省は自分たちの傀儡《かいらい》政権をつくろうとしてきているようです。

野田さんは、初めて財務副大臣に就任したあと、菅《かん》さんの後任として財務大臣になり、そのあと、総理大臣になりました。閣僚《かくりょう》経験があまりないにもかかわらず、あっという間《ま》に総理大臣にまでなってしまったのです。

そして、後釜《あとがま》の財務大臣に持ってきたのはＮＨＫ出身の安住さんです。彼は勝事務次官より十二歳《さい》も年下で、四十代後半の若い人ですが、あまり経済に詳《くわ》しくはなさそうです。

こういう人たちを総理大臣や財務大臣に据《す》え、財務省の傀儡政権をつくろうとしてきている流れが、はっきりと見て取れます。

これは、「財務省の言うことさえきけば、総理大臣にだってなれる」ということを示しているのでしょうが、民主党政権が発足《ほっそく》当初に打ち上げた、「脱官僚・政治主導」という理念とはまったく正反対の状況《じょうきょう》であり、自民党政権のときよりも情けない感じがします。自民党は、ここまで情けなくはなかったと思いますが、民主党は官僚に簡単に牛耳《ぎゅうじ》られているのです。

これは、ほとんど情報力の差の問題だと思います。

「脱官僚・政治主導」と言いつつも、財務大臣に就任した人が初登庁をし、財務官僚から経済に関するレクチャーを二時間ほど受けたら、もう、その段階で〝完落《かんお》ち〟をしているのではないかと推定されます。

そのレクチャーの間《あいだ》に、新しい大臣に対して、「自分は、いかに無知であり、何も分かっていない」ということを知らしめて、一撃で倒《たお》してしまい、「財務官僚から情報をもらわないかぎり、もはや大臣としての仕事はできない」ということを悟《さと》らしめるのが彼らの手なのです。いつもそれをやっていると思われます。

そして、野田さんは、「ただただ財務官僚の言うことをきいていたので、総理大臣にもなれた」と思っているでしょうし、安住さんも、同じようにくすぐられていることであろうと推定します。

財務省は政治家たちを手のひらの上で動かしているつもりでいるはずです。

勝事務次官は一九五〇年生まれで、私より少し年上ではありますが、財務省の局長や、局長に相当するクラスの人たちには、私の大学の同級生が多く、また、先輩《せんぱい》や後輩、知人、友人もかなりいるので、財務省は、各省庁のなかでは、私の知り合いが最も多い省庁の一つです。

そういう意味では、財務省に〝弾《たま》〟を撃《う》ち込むことは、私情においては決してうれしくはないので、やりたくはありません。誰に〝弾〟が当たるか分からないため、やや腰《こし》が引けるところもあるのです。

しかし、私は、公人、公的な立場にある者として、やはり、国家を沈没させるわけにはまいりません。したがって、フェアな態度で、「何が正しいか」ということを追求したいと思います。

国債《こくさい》は子孫《しそん》に「借金」ではなく「財産」を遺《のこ》しうるもの

大川隆法　もちろん、立場を替《か》えて、財務官僚になれば、誰だって「税金が欲《ほ》しい」と考えるようになるぐらいのことは分かります。財源が豊かになれば、力が増し、自由に政治家を操《あやつ》れ、いろいろな事業もできるので、そのように考えるのでしょう。しかし、このへんの考え方については、やはり点検しなくてはいけないと思うのです。

今の日本では国債《こくさい》の発行額が多く、財務省側から見ると借金過多になっているので、財務官僚にとっては、たいへん心配な状態です。家計のレベルで考えれば、野田首相の家計と同じような状況の赤字になっていると思われます。

ただ、国債を「国民からの借金」と見る単純な考え方に対して、私は疑問を持っています。国債を購入《こうにゅう》している国民は、持っているお金の運用先として国家を信頼《しんらい》し、その運用を国家に委託して、そのお金が国の経済発展のために上手に使われることを願っているので、「国債を単なる借金のように考えてはいけないのではないか」と思います。国民は、「繁栄の願い」を込めてお金を出しているわけです。

財務省は、「子孫《しそん》に借金を遺《のこ》すことになる」という言い方で国民を脅していますが、その考え方には、必ずしも正しいとは言えないところがあります。

実は、子孫には国に対する財産（債権）が遺るのです。「子孫に赤字を遺す」というのは、「財務官僚の後輩に赤字を遺す」ということではありましょうが（笑）、国民に赤字を遺すわけではなく、国民には財産が遺るのであり、かすかなりとも国債に利子が付けば、それは、「財産が増える」ということなのです。

そう反論されると、財務省は、次に、「国家破産」という言葉で脅してくるでしょう。「国債が紙切れになるぞ」と言って、また脅してくるのだと思います。彼らは、「われわれには、国債を紙切れにするぐらいの力はあるんだぞ」と言いたいところでしょう。

しかし、それに対しては、「あなたがたが、そのお金の運用を間違わず、経済発展をするところに、きちんと適正に投資していれば、その心配はないでしょう」と言っておきたいと思います。

日銀や財務省にも〝監査役《かんさやく》〟が必要

大川隆法　私が『日銀総裁とのスピリチュアル対話』を出し、インフレターゲットの設定や資金の追加供給を強く求めた結果、その方向へと、しぶしぶ日銀は動きました。今、アメリカも、その方向で動いていますし、ＥＵも、その方向に動いています。

アメリカ等の大統領選も絡《から》んでのこととは思いますが、今、若干《じゃっかん》、好景気が来るかもしれない予兆が出始めているので、これを底堅《そこがた》く固められるかどうかが問われるでしょう。

今朝の「フジサンケイ ビジネスアイ」という新聞には、幸福実現党の立木党首が名論文を載《の》せていて、日銀に対する監視《かんし》の必要性を訴《うった》えていました。

景気回復が本物かどうか、まだまだ分からないので、私たちが日銀の動向をウオッチしなくてはいけないわけです。幸福の科学と幸福実現党は、宗教法人および政党であるにもかかわらず、とうとう日銀の〝監査役〟になってしまいました。また、財務省をも〝監査〟しなくてはいけないのです。

最近は、東大の卒業生たちのうち、優秀《ゆうしゅう》な人たちが外資系の企業《きぎょう》にもかなり行き始めているらしいので、昔とは違うと思いますが、少なくとも、今の財務省の実権を握《にぎ》っている人たちは、かつての秀才たちであることは事実でしょう。秀才は、「自分より頭が悪い」と思う人間の言うことをきかないものなので、財務省の幹部たちは、ずいぶん威張《いば》っていることと思います。

ただ、幸福の科学を最も怖《こわ》がっているのは、実は財務省だと私は思います。なにせ、財務省には私の知り合い筋も多く、大学時代に私から勉強を教わった人がたくさんいるので、おそらく幸福の科学が怖いだろうと思うのです。

幸福の科学グループは「正論」で戦う

大川隆法　今回の霊言収録はフェアな態度で行います。安住財務大臣と勝事務次官の守護霊を呼び出してみますが、実質上の「影《かげ》の総理」は勝事務次官であろうと思います。

今日は、日銀総裁の守護霊と論戦をした人が二人（立木と綾織）来ているので、また〝小手調べ〟をしていただきたいと思います。

まず、安住財務大臣について、どの程度の実力をお持ちなのか、本当に〝ただの飾《かざ》り〟なのか、調べてみたいと思います。

次に、勝事務次官の本心を探《さぐ》ります。これは面白《おもしろ》いでしょう。この人が本当に勝海《かつかい》舟《しゅう》の子孫なのかどうか知りませんが、そういう噂《うわさ》を流し、カリスマ性を付けているようなので、この人が本当はどのような人物なのか、知りたいものです。

財務省などでは、「十年に一人の大物次官」などと言われていますが、どの程度の人でしょうか。それは、「政治性が高い」ということなのかもしれませんが、チェックしてみたいと思います。

幸福の科学大学の建設用地に関し、「宗教の境内地《けいだいち》になっているため、税金を払《はら》っていない」と言って、いろいろなところから脅しをかけてきているようですが、当会を、この程度のことで怯《ひる》むような団体だと思っているのであれば、一回、長野県あたりの、凍《こお》りついている湖の氷でもかち割り、その下の水に浸《つ》けて頭を冷やしていただいたほうがよいかもしれません。

当会は、脅しやすかしに屈《くっ》するような団体では決してないのです。正論で戦います。
前置きは、このくらいにして、始めましょうか。

2 「為替介入《かわせかいにゅう》」の是非《ぜひ》を問う

激しく動揺《どうよう》する安住財務大臣の守護霊《しゅごれい》

大川隆法　建前《たてまえ》上、大臣の守護霊《しゅごれい》を先に呼んだほうがよいでしょうね。あまり中身がなさそうなら、時間はほどほどに調整してください。

それでは、「財務省のスピリチュアル診断《しんだん》」と称《しょう》して、財務大臣と財務事務次官の守護霊をお呼びしようと思います。

まずは安住財務大臣の守護霊をお呼びします。

（合掌《がっしょう》し、瞑目《めいもく》する）

安住財務大臣の守護霊よ。どうか、幸福の科学総合本部に降りたまいて、その本心、お考え、それから、日本国民に対するメッセージ、日本経済の見通し、世界経済との連動の見通し等を語りたまえ。

あなたも、公人として、自らの考えを多くの人々に知ってもらう必要があると思います。このたび、そのための機会を設けたいと思います。

私たちは、公平無私な態度で、あなたのお考えや本心について伺《うかが》いたいと思っていますので、どうか、ご協力のほどをお願いします。

安住財務大臣の守護霊、流れ入《い》る。

安住財務大臣の守護霊、流れ入る。

安住財務大臣の守護霊、流れ入る、流れ入る、流れ入る、流れ入る。

安住財務大臣の守護霊、流れ入る、流れ入る、流れ入る、流れ入る。


（約十秒間の沈黙《ちんもく》）

安住財務大臣の守護霊〔以下、「安住守護霊」と表記〕 （首をかしげる）
黒川　安住財務大臣の守護霊でいらっしゃいますでしょうか。
安住守護霊　ん？

黒川　こちらは幸福の科学総合本部でございます。今日は、安住財務大臣の守護霊様から、日本経済の見通しや財政政策等についてお伺いできればと思います。

安住守護霊　これ、こ、こ、こ……。え?

黒川　幸福の科学です。

安住守護霊　いやいや。幸福の科学は知ってるけどさあ。

黒川　ご存じでいらっしゃいますか。

安住守護霊　な、な、な、な、何なんだ、これ。

黒川　今日は、守護霊様にお越《こ》しいただき……。

安住守護霊　こんなの、け、け、け、け、経験がないから……。お、お、俺《おれ》は取材したことはあるけど、されたことはないからさ。そ、そ、そんなに……。

黒川　はい(笑)。

安住守護霊　いや、さ、さ、されたことないわけやない。今は大臣だから、さ、さ、されてはいるけど、こんな取材は経験がない。私、し、し、守護霊が呼ばれるなんていうのは……。守護霊面接なんて聞いたことない。

こ、こ、こ、こ、こんなことが、君、あっていいのか？

黒川　あのー、幸福実現党の黒川と申します。

安住守護霊　ん？　まあ、君を知らないわけじゃ、な、な、な、な、ないけどさあ。普通《ふつう》は、ざ、ざ、ざ、ざ、財務省の窓口を通して、面接を申し込《こ》むものだよ。そうすれば、ちゃんと断ってくれるはずだ。

こんな呼び方をされたら、断れないじゃないか。

黒川　日本の未来ビジョン等、今、安住財務大臣がお考えのことをお聴《き》かせいただければと思います。

安住守護霊　え？　君、笑ってるけどさあ、その、わ、わ、笑ってる目が、なんか、いや、いや、いや、いやらしいんだよ。え？

黒川　いえいえ。あのー、たいへん尊敬申し上げております。

安住守護霊　嘘《うそ》つけ！　ほんとか？

黒川　早稲田《わせだ》大学の大先輩《せんぱい》として、たいへん尊敬申し上げておりますので……。

安住守護霊　だ、だ、だ……、「大」ですか。

黒川　はい。

安住守護霊　「大」が付くんですか。そうかなあ。

黒川　安住大臣は、幸福実現党の矢内筆勝《やないひっしょう》（出版局長）と、早稲田大学の社会科学部で同期だったとのことですが、昨日《きのう》、矢内に訊《き》いたところ、「顔は覚えている」と申しておりました。

安住守護霊　その印象は、なんか、悪い感じが伝わってくるんだよなあ。

黒川　いえいえ。ぜひ、今のお考え等を……。

安住守護霊　おたくのなかにいる職員と私が同格だって言いたいわけね？

黒川　いえいえ。とんでもないです。あのー、たいへん尊敬申し上げております。

安住守護霊　ねえ？　そういう人は、質問する資格もないわけね？

黒川　いえいえ。尊敬申し上げておりますので……。

マスコミ人は「言論術のプロ」であり「全知全能」なのか

安住守護霊　私も、いちおう、元マスコミ人だからね。君、私《わたくし》を罠《わな》にかけて失言させようなんて……。そんな、へぼい手で、私が引っ掛《か》かると思っているのか。

そりゃあ、経済の専門家としては十分なぐらい知ってるけど、言論術においては、君ね、プロなんだからさあ。プロだから大臣になれてるんだ。

官僚《かんりょう》たちは知識は持ってるけど、言論術において、人を説得したり説明したりするのが足りなくて、「私の力を借りないとできない」というので、私が乗ってるわけだからさ。だから、なめちゃいけないんだよ。プロはプロなんだ。言論術のほうはな。

黒川　ただ、経済や財政面においては、あまり経験が……。

安住守護霊　いや、ニュースをやる人は、全部、知ってんだよ。オールマイティーなんだ。全知全能なんだよ。オールマイティー・ゴッドなんだよな。分かる？

黒川　世間からは「素人《しろうと》財務大臣」と言われていますが。

安住守護霊　そんなことないよ。「週刊こどもニュース」のお父さん（池上彰《あきら》氏・元ＮＨＫ記者）が、あんなに有名になるほうがおかしいんであってね。

やっぱり、あれも、大臣になりてえだろうなあ。ほんとになあ。総理大臣にもなりてえだろうなあ。残念だったな。ハハ。俺のほうが先だ。ハッハッハッハッハ。

まあ、人間は、努力に比例するとは限らないんだよ。世渡《よわた》りの術《じゅつ》が要《い》るんだ。だから、「一生懸命《いっしょうけんめい》、勉強して、知識を持ってるから、偉《えら》くなる」とは限らねえんだよ。

四十兆円もの〝含《ふく》み損《ぞん》〟だけを遺《のこ》した去年の「為替介入《かわせかいにゅう》」

黒川　去年、安住大臣は、為替介入《かわせかいにゅう》を断行されましたが、過去最大規模の介入だったとのことですね。

安住守護霊　かっこよかった？　後輩として、なんか、しびれた？

黒川　あ、もう〝しびれ〟ました。はい（苦笑）。

安住守護霊　ああ、そうか。

黒川　ただ、効果のほうは、どうでしょうか。確かに、介入した直後は少し効果が出ましたが、長続きしませんでした。

安住守護霊　でも、「俺が初めてやって失敗した」というわけじゃないからね。従来、世界各国がやってることで、いちおう、これはオーソドックスなやり方だから、特に、わしに責任は何もないよ。

黒川　ただ、それを国民からの借金で……。

安住守護霊　そんなこと、国民は知らないんだっちゅうの。

黒川　いえいえ。約四十兆円の含《ふく》み損《ぞん》が、今年度末、出てきていますよ。

安住守護霊　あ、君、そういう嫌《いや》な言葉を言うんだな。含み損なんていうのは、企業《きぎょう》に対して言う言葉であって、国家に対して、そんな、ちっちゃな言葉を使っちゃいけないんだよ。

含み損なんて言うんじゃない。もう、何十兆、何百兆という、巨大《きょだい》な借金の山のなかを登ってるところなんだからな。

為替介入《かわせかいにゅう》しなければ「復興増税」は必要なかったはず

黒川　ただ、それだけの資金があれば、復興増税をしなくても済むと思います。

安住守護霊　君、考えが小さいよ。「復興増税は復興増税、為替介入《かわせかいにゅう》は為替介入」なんだ。復興増税は、東日本の人たちを助けるためにやるんであって、為替介入は、貿易をやっている会社すべてと、それにつながる人たちを助けるためにやってるんで、目的が違《ちが》うんだよ。

立木　幸福実現党党首の立木でございます。

安住守護霊　ああ、君には気をつけないといけない。

立木　財務省は、「子孫《しそん》にツケを残してはいけない。借金を増やしてはいけない」と言って増税を主張しているわけですが、その一方で、為替介入により莫大《ばくだい》な借金をこしらえています。これについては、どのように考えたらよいのでしょうか。

安住守護霊　何にもしなかったら、君、「無策だ」って批判されるじゃないか。

立木　もっと効果的な戦術としては、金融緩和《きんゆうかんわ》があるはずです。日銀にそれをさせれば、しっかり円安に振《ふ》れるのに、あれだけたくさんの借金をつくって……。

安住守護霊　いやいや、何やったって一緒《いっしょ》なんだ。十兆円を、各家庭にサンタクロースみたいに撒《ま》いて歩いたところで一緒なんだ。
黒川　ただ、今回、日銀が実質的にインフレ目標を設定したことによって、一円も使わずに円安になり、一ドル八十一円台まで来ています（収録当時）。
安住守護霊　まあ、そうだな。ちょっと……。
黒川　やはり、知恵《ちえ》が少し足りなかったのではないでしょうか。
安住守護霊　うーん……。なんか、ちょっと、あれはねえ。うーん……。ちょっと、おかしいなあ。

円売り介入《かいにゅう》時に「介入水準」を明らかにした理由

綾織　為替介入《かいにゅう》などは、財務省の役人の方から事細《ことこま》かに説明を受け、そのとおり素直《すなお》にやっていらっしゃる状態でしょうか。
安住守護霊　うーん、まあ、財務省にも各種の局があって、各局長から〝ご進講〟を受けているうちに、何だか分からなくなってくるんだ。

綾織　分からなくなる⁉（笑）（会場笑）

立木　安住大臣は、昨年の衆院予算委員会で、通例であれば、為替介入の水準は明らかにしないにもかかわらず、それを明かしてしまって、大きな騒動《そうどう》が起きましたが、あのときは、役人の方から受けた説明をそのまま話してしまったわけでしょうか。

安住守護霊　ち、ち、ち、ちっちゃな騒動だよ。

立木　私たち幸福実現党は、為替介入そのものに否定的なのですが、世間からは、「介入水準について具体的な数字を公表すると、為替介入の意義がなくなるのではないか」という声も挙がっています。

安住守護霊　うーん。まあ、明確に乗り出して、アナウンス効果を出しつつ為替介入する場合とか、「覆面《ふくめん》介入」って言って、「いつ入るか分からない」というので脅《おど》したりする場合とか、あの手この手で為替を調整しているんだけど、そうやって、「輸出産業を守る」という重要な機能を果たしているわけだ。

そういう機能がなくなったら、困るだろう。外国の投機筋に好きなようにやられて、儲《もう》けられてしまうからね。

立木　それは、「そもそも為替介入に効果があれば」の話です。われわれは、「効果がないのではないか」と申し上げているのです。

安住守護霊　いや、君、一時的に効果はあるだろう。

立木　ええ。あくまでも一時的なものです。

安住守護霊　うーん。だから、一時的なのは、ほかの力がいっぱい働いてくるからであって、うちだけのものをそのままやれば、効果はあるんだよ。

立木　アメリカなどでは、「日本がやっていることは、中国のように、為替を操作しているのと変わらないのではないか」という厳しい見方もあります。

安住守護霊　もう勘弁《かんべん》してよ。〝ご進講〟をいろいろ受けてるから分かんないのよお

（会場笑）。ＮＨＫの記者なんかに為替が分かるわけないだろう？　アナウンス原稿《げんこう》を読んでるやつもいるけど、あれ、分かってへんのよ。書いてある記事をそのまま読んでるだけだからさ。うーん、分からないのよ。

勝事務次官からは「失言に注意」と指導されている

黒川　「今回の大規模な為替介入は、勝栄二郎事務次官が主導した」とも言われていますが、どうだったのでしょうか。

安住守護霊　か、か、勝さんは、判子を押《お》すだけだから、別に関係ないよ。為替をやってるのは、大川隆法の友人のほうじゃないか。もう、友達同士で喧嘩《けんか》してくれよ。ほんとに、あんまりだよ。

綾織　勝事務次官からは、普段、どのようなアドバイスを受けていますか。

安住守護霊　いやあ、もう、非常に温厚な人で、私を立ててくれてねえ。十歳《さい》以上も年下なのに、「先生、先生」と言って……。

綾織　持ち上げられているわけですね？

安住守護霊　やっぱ、人ができてるねえ。人物ができてて、余計なことは言わないし、「ああ、このとおりやってください」って……。

綾織　「安住大臣は、勝事務次官から、『失言に注意してください』と釘《くぎ》を刺《さ》された」という話もあるそうですが。

安住守護霊　「失言に注意してください」？　それは、誰《だれ》だって、申し送り事項《じこう》として言われることだよ。政治家の一言《ひとこと》は重いからな。

　君らも、そうだろうけども、マスコミ人っちゅうのは「しゃべって、なんぼ」であって、落語家みたいなところがあるよな。だから、「しゃべらないほうが値打ちがある」なんちゅうのは、ちょっと、分からんところがあるなあ。

3　増税から始まる国家社会主義への道

消費税十パーセントの国際公約は「外堀《そとぼり》を埋《う》める戦略」

黒川　去年の十月、パリで開かれたG20（財務相・中央銀行総裁会議）で、安住大臣は、消費税率を十パーセントに上げることを国際公約されましたけれども……。

安住守護霊　かっこええなあ。かっこええと思わんか、君？

黒川　国際公約をする前に、まず、国民に説明をすべきだったと思います。このときには、国民への事前説明は何もなかったですよね？

安住守護霊　いや、野田さんがやる気でいるんだから、そうなるだろうよ。

黒川　しかし、国民に対して十分に説明しないまま、国際公約するのは問題です。

安住守護霊　三百議席あるんだから、強行すれば、絶対、通るはずだ。国民は、結果的に支持することになる。

立木　ただ、与党《よとう》にも、増税に反対する人はたくさんいらっしゃいますよね？

安住守護霊　反乱分子を制圧しなきゃいけないけど、まず、国際公約することで外堀《そとぼり》を埋《う》める。君、大坂城《おおさかじょう》の攻撃《こうげき》と一緒《いっしょ》じゃないか。国際公約しちゃったら、もう逃《に》げられない。これは戦略だ。

綾織　それについて、勝次官からは、どういう話があったのですか。

安住守護霊　それは、せ、せ、戦略だよな。「国際公約だから逃げられない」というふうにして、嫌々《いやいや》しているように見せるわけだ。

黒川　日本人の「外圧に弱い」という傾向性《けいこうせい》を利用する戦略ですか。

安住守護霊　うん。だから、わしは頭ええと思わんか。自分では、ほんと、そう思うなあ。ニュースで流れるときの効果がよく分かるんでな。感じがな。そういう意味では、初めての大臣じゃないかな。ここまでニュースのアナウンス効果が分かるっちゅうのはな。

「天下《あまくだ》りは公務員の失業対策だ」と語る安住守護霊

綾織　消費税の問題についてですが、あなたは、やはり、「日本は財政危機であり、破綻《はたん》寸前である」という認識をお持ちでしょうか。

安住守護霊　いや、よく分かんないのよ。

綾織　分からないのですか⁉（笑）（会場笑）それも分かりませんか。

安住守護霊　か、か、か、菅《かん》さんは、ギリシャを見て、「うわっ、大変なことになる」っちゅうて大騒《おおさわ》ぎした。福島原発のときと一緒で、「大変だ、大変だ」って言う人だったようだけど、私はよくは分かんない。何が正しいんだか、読みゃあ読むほど分からなくなってくる。

黒川　よく分からないのに、消費税の増税を断行しようとしているのは、どういう信念からなのでしょうか。

安住守護霊　財政赤字があることは分かってるよ。だから、借金を減らすには、普通《ふつう》は、収入を増やすしか方法がないんだろう?

黒川　いや、「無駄《むだ》を削減する」とか、「経済を成長させる」とか、いろいろな方法がありますす。

安住守護霊　最初、無駄をなくそうとしたけど、評判が悪かったじゃん?　無駄を削《けず》って蓮舫《れんほう》が有名になったのに、一年もたたないうちに、あっという間《ま》に地に落ちちゃった。

黒川　ただ、根本的な無駄の削減《さくげん》はしていません。例えば、民主党がマニフェストに書いていたことですが、「天下《あまくだ》りの廃止《はいし》」とか、「公務員給与の削減」とか……。

安住守護霊　君、役所は、もともと、失業対策のためにあるものなんだよ。つまり、主流の役所で、全部、最後まで面倒《めんどう》を見るのは大変だから、「天下り」ちゅうものがあるんだ。現役《げんえき》時代に関連の天下り先をたくさんつくっといて、そこに下《お》りていく。要するに、自分たちで自分たちの〝老後の道〟をつけてるんだから、いわゆる、君たちの大好きな〝自助努力〟をやってるわけだよ。

立木　それだと、政権交代前と、言っていることがかなり違《ちが》いますよね？

安住守護霊　まあ、そうだねえ。うん。

立木　政権交代前は、「天下りは根絶する」とおっしゃっていました。

安住守護霊　フフン。まあ、よくは知らんかったからさあ。だけど、失業対策は大事なんだよ。公務員だって失業するわけだからさ。失業したら、働かない人に金を払《はら》わなきゃいけないから、ちょっとでも何か働いてくれたほうがいいわけだよ。

「役人を増やせば税収が増える」という発言の真意

立木　そういう考え方ですと、税金がどんどん必要になっていき、重税国家になってしまうのではありませんか。

安住守護霊　だけど、彼らに払った税金の一部は、また税金として返ってくるから、無駄じゃない。だから、役人たちは、今、開き直ってるのよ。役人は、民間の一・五倍ぐらい収入があるから、「俺《おれ》たちのほうが税金を余分に払ってるんだ。高額納税者は俺たちだ！　俺たちが納税しているために、日本の国は、今、税収があるんだ」っちゅうて、今、開き直ってるのよ。

つまり、役人を増やせば、税収が増えるんだよ。

立木　役人を増やせば、役人が納める税金は増えるでしょうが、それ以上に人件費が増えるので、全然、意味がありません。

安住守護霊　ん？　まあ、よく分からんけどさあ。よくは分からんけど、役人の収入のほうが多いから、役人を増やせば、税収が増えるんだよ。

サラリーマンのほうは、すぐ、給料カットになったり、クビになったりするから、所得税が減るのよ。法人税なんて、ゼロにするのは簡単じゃん？　社長の一存で赤字をすぐつくれるからさ。だけど、役所は、それができないもんね。だから、役所や役人を増やせば、カッチリ税金が取れるんだよ。これは、確かなもんだ。
　これで社会主義が完成する。

綾織　日本経済が発展するように国家予算を使えば、税収は上がっていきます。それについて認識されたほうがよいと思います。

安住守護霊　われわれは、あなたがたが認めたとおり、今、国家社会主義を目指している。百パーセントの社会主義を目指している。そうしたら、全員、公務員になって、税収が、完全に、完璧《かんぺき》に固まる。

黒川　（苦笑）そうなったら、日本はギリシャと同じようになります。

安住守護霊　ギリシャ？　あ、そうなの？

黒川　公務員が全労働人口の四分の一もいるのが、今のギリシャの姿です。

安住守護霊　ああ、そうなのか。それ、よう知らんかったなあ。

黒川　あなたの考え方は、いちばん危ないと思います。

安住守護霊　ギリシャは観光業で食ってるんじゃなかったの？　それと漁業かな。俺はギリシャを担当してないから、よく知らないのよ。駐在《ちゅうざい》したことがないからな。何がおかしいんだろうね。ギリシャ、イタリアは、いったい、何が問題なのかがよく分かんない。何がいけないんだろうか……。やっぱり、あれだ。地中海寄りは気候がいいから、みんな怠《なま》けるんじゃないかなあ。

綾織　怠けてもいますが、何よりも、「社会保障に巨額《きょがく》の予算を使っている」ということが、ギリシャの問題です。

安住守護霊　え？　社会保障は寒いところがするんじゃないの？

綾織　いえいえ（苦笑）。ギリシャは、外国から借金をして、社会保障に注ぎ込《こ》んでいたのです。

安住守護霊　なんで笑うのよ。笑いながら質問するのは、不真面目《ふまじめ》じゃないか。ん？

何だよ、その笑い方は。

綾織　あのー、あなたは政治家でいらっしゃいますので……。

安住守護霊　ああ、政治家だよ。

綾織　政治的なことについてお伺《うかが》いしたのですが（笑）（会場笑）。

安住守護霊　何だ、みんな笑って……。君たち、機嫌《きげん》がいいのかい？（会場笑）　どうなんだ？　よく分からない。

あ、そうか。大臣が来てくれたんで、うれしくてしょうがないんだ。ああ、そうだ、そうだ。

綾織　たいへんありがたいと思っています。

安住守護霊　そうだろうな。私は、公式ルートでは、絶対、会えない人だからね。〝雲上人《うんじょうびと》〟だからさあ。

綾織　いえいえ。そんなことはありませんが。

安住守護霊　君ね、「早稲田《わせだ》から財務大臣になる」なんちゅうのは、もう、ほんと、万に一人もいないような出世なんだからさ。

野田首相も谷垣《たにがき》総裁も「財務省に洗脳されている」

綾織　「先週末（二月二十五日）に、野田首相と谷垣《たにがき》総裁が密談をした」という報道がありました。

安住守護霊　野田首相と谷垣総裁が？

綾織　はい。

安住守護霊　谷垣は、財務大臣やってるじゃん。だから、財務省に洗脳されてるのは一緒だ。洗脳されてる者《もん》同士が、ゾンビみたいに話したんだよ。ゾンビ会談があったんだ。

立木　安住大臣も財務省に洗脳されているわけですね？

安住守護霊　みんな、やられてる。あ、いや、いやいや（会場笑）。まあ、われわれは、洗脳されてるんじゃなくて、「〝ご進講〟を受けてる」っていうことだ。天皇陛下と同じ立場なのよ。

天皇陛下も、ご進講を受けて、「うん。うん」と言って、反対はなされない。「はい。はい」って言うのが仕事でしょう？　私たちも〝ご進講〟を受けて、「分かった。はい。はい」と言うことが仕事なんだよ。

それで、いざというときは責任を取って、クビを切られる。それだけが責任なのであって、天皇制と同じだ。財務大臣も首相も、まったく一緒なんだよ。飾《かざ》りなんだよ。

綾織　飾りですか。よく分かりました。

安住守護霊　おひな様なんだよ。

そういえば、もうすぐひな祭りだね。明日《あした》か。今日《きょう》かな？

綾織　（苦笑）野田首相と谷垣総裁の会談の中身については、何か漏《も》れ伝わってきていますか。解散の時期など、そのあたりは？

安住守護霊　お互《たが》い一緒だからさ。まあ、谷垣さんは、たまたま東大を出てはいるけど、高校から山岳部《さんがく》に入って、大学でも山ばっかり歩いとったんだろう？　だから、勉強なんか、もう、劣等感《れっとうかん》の塊《かたまり》だろうよ。財務省にいたときは、みんなにばかにされて、さぞ、つらい思いをしただろうよ。

彼は、ただただ謙虚《けんきょ》に、「山歩きをして、足を鍛《きた》えてました」とか、「サイクリングをやってました」とか、そういう話ばっかりして、あとは、〝ご進講〟を受けて、「ああ、そうですか」と言って、やってたんだろう。まあ、彼は人柄《ひとがら》がええから、そうやって、官僚《かんりょう》の上に乗っていたわけだ。

野田さんも私も、同じ〝人柄路線〟なのよ。財務官僚は悪いことをいっぱい考えてっから、その上に、人柄のいい人を乗せて、世間に対してＰＲするわけだ。

地元・石巻《いしのまき》の被災地《ひさいち》では安住氏に批判的な声が多い？

立木　東日本大震災《だいしんさい》の被災地《ひさいち》である宮城県では、「安住大臣に対する批判的な声もかなり多い」と聞いていますが。

安住守護霊　（机の上の資料を指しながら）「事務所も被災した」って、ここに書いてあるじゃないか。ああ、かわいそうだなあ。「石巻市《いしのまき》の自宅が全壊《ぜんかい》した」って書いてあるじゃないか。大変だ。

だから、「そういう人を財務大臣に置く」っていうことは、「被災地を助ける」という強力なメッセージだよな。さらに、「ＮＨＫも、それを応援《おうえん》するだろう」っていう強いメッセージだよな。

立木　宮城県の村井《むらい》知事には、「非常によく頑張《がんば》っている」という評価がある一方で、「地元選出の国会議員は何をやっているんだ」という声が上がっています。

安住守護霊　国会議員は、大所高所《たいしょこうしょ》から見てるわけよ。

立木　安住大臣は、以前、「自治体の首長《しゅちょう》は都合《つごう》がいい。増税は国任《まか》せ。国からお金をもらって、自分たちは言いたいことを言っている」という発言をされていますね。

安住守護霊　いやあ、大変だろうとは思うよ。だけど、お金をねだって、こっちに来るんだろうからさ。こちらは取られるほうだからさ。

財務省の基本的な姿勢はね、近代経済学を一生懸命《いっしょうけんめい》やってるけど、結局は、みんな、「財布《さいふ》理論」なんだよな。家計と同じように考えてる。入《い》るを増やして、出《い》ずるを制する。基本的には、これ一本なんだよ。

だから、出すときは、出し渋《しぶ》りをして、入れるときは、取れるところからできるだけ取る。ノウハウとしては、ほんとは、これしかないのよ。だから、財務省は、ほんとは〝出納《すいとう》省〟なのよ。

消費税率を上げて税収が減ったのは「企業《きぎょう》が怠《なま》け者だから」？

立木　「増税をすれば税収が増える」と本当に思っておられるのですか。

安住守護霊　増えるんじゃないの？　違うの？

立木　一九九七年に消費税率を上げたときには、税収が下がっています。そのあと、一度も、一九九七年の税収額を超《こ》えたことはありません。

安住守護霊　なあ、君。それは、財務省の責任じゃなくて、あれじゃないか。ああ、分かった、分かった。それは、橋本さん（橋本龍太郎《りゅうたろう》元首相）が、奈良《なら》時代だか何だか知らんが、大昔から存在した「大蔵省《おおくらしょう》」っていう由緒ある名前を、「財務省」に変えて意地悪したからじゃないか。

だから、みんな抵抗《ていこう》したんだよ。「われらが働かないと、いかに税収が減って、国家が苦しくなるか」っていうことを、政治家に勉強してもらうために、そうしたんじゃないか。

綾織　消費税率を上げたことによって、結局、経済が低迷したわけです。

安住守護霊　そんなことはない。「大蔵省」だったら、国家財政を豊かにするように、一生懸命、頑張ったんだけど、「財務省」とかいって……。

立木　それは、省の名前が変わる数年前の出来事です。

安住守護霊　え？　それ、前の話だったたっけな？（会場笑）　そうかなあ。うーん。
　で、何が聞きたかったんだっけ？

立木　われわれは、「増税をしても、税収は増えないのではないか」と申し上げています。

安住守護霊　それはね、企業《きぎょう》が努力しなかったからなんだよ。

綾織　いや、税収が減ったのは、消費税率を上げたからです。

安住守護霊　「増税する」と来たら、企業は、「じゃあ、もっと利益を上げなきゃいけない」と思って頑張るべきなんだよ。企業が怠《なま》け者だから、税収が……。

綾織　いいえ。企業に頑張ってもらうためには、減税すべきです。

安住守護霊　減税したら、もっと怠けるじゃない？　増税すると、税金を払うために、必死で働くようになるわけだよ。減税したら怠けちゃって、イタリアやギリシャみたいになるんじゃない？

だから、水着を脱《ぬ》いで、おっぱい出して泳ぎ始めるんだ。水着を取って、裸《はだか》で泳ぐヌードビーチになっちゃう。

立木　前回、消費税率を上げたときには、「実質消費が落ち込んだ」というデータが出ています。

安住守護霊　実質消費？

立木　消費が落ち込んだら、当然、会社の売り上げが減り、利益も減ります。すると、赤字になり、倒産《とうさん》する会社が出てきます。増税は、こういう連鎖《れんさ》を起こすわけです。

安住守護霊　君、そういうマクロ経済みたいなのは嘘だって、財務官僚も言ってるよ。「あれは、ほんとは嘘《うそ》なんだ」って。

綾織　ほおー（苦笑）。

安住守護霊　あとで統計処理して、上手に理屈《りくつ》をつけてるだけで、実際は嘘なんだって！　マクロ経済ってのは、まったくの嘘であって、ほんとは、「それぞれの会社にやる気があるかないか」だけの問題なんだって。

立木　景気のよし悪しは、各会社が頑張るかどうかだけにかかっているわけですか。

安住守護霊　だから、税収が減ったのは、民間が、みんな、税金を払いたくねえから、赤字を出そうと頑張ったんだよ。税金を払わないように頑張っちゃったのよ。

それは、やっぱり、国家に対する忠誠心が足りないんだ。忠誠心があるなら、やっぱり、税金を納めなきゃいけないね。そう思うな。

「増税すると自販機《じはんき》メーカーが儲《もう》かって税収増になる」のか

黒川　消費税率を上げれば、人々は、その分、買い物をしなくなりますよね？　これは分かりますか。

安住守護霊　え？　そうなのかな。

黒川　例えば、消費税を十パーセントにしたら、百五円のものは、百十円になります。そうすると……。

安住守護霊　百円の缶《かん》コーヒーが百五円になると、お釣《つ》りがたくさん要《い》るようになるから、ちょっと面倒になるけども、「自動販売機《はんばいき》の機械を新しくつくり変えなきゃいけない」という需要《じゅよう》が発生して、メーカーが儲《もう》かるから、結局は、税収が増える。そういう説明を聞いたけど？

綾織　儲かるのは、特定の業界だけです。

立木　極《きわ》めてインパクトが小さい話です。

黒川　「ものの値段が上がれば、当然、消費が減る」ということは分かりますか？
消費税率を上げれば、消費全体が減っていくので、経済が萎縮《いしゅく》していくのです。

安住守護霊　そうかなあ。でも、「自動販売機でコーヒーやお茶、ジュースを買って飲みたい」っていうニーズは常にあるわけだから、百円が百五円、あるいは、百五円が百十円になったとしても、それで、「ああ、五円余計に取られるから、コーヒーを飲むのをやめようか」っていうケチな人はいないと思うよ。生理的欲求は止《と》められない。飲みたいものは、飲みたいじゃないか。

そして、自動販売機は、やっぱり、新しくつくらなきゃいけない。われわれが、新札を出すときだって、そのために、お札を読み取る機械とか、自動発券機とか、みんな、つくり変えなきゃいけなくなるから、それで、景気がよくなるんだ。

綾織　あなたの認識は、だいたい分かりました。

安住守護霊　え？　え？

〝社会学〟的に増税論を語る安住守護霊

黒川　ところで、あなたは、マクロ経済というか、経済学を勉強されましたか。

安住守護霊　いちおう、社会科学ということになってるからなあ。

黒川　安住大臣は、早稲田の社会科学部卒業ですよね。

安住守護霊　社会科学部っていうのは、要するに、文学部みたいな「実学に関係ないものでもなく、かといって、法学部や経済学部みたいな「実学」でもないという、中間へんのものだ。

黒川　そうですよね。矢内《やない》に訊いたところ、「社会科学部では、マルサス（イギリスの経済学者）の『人口論』のような、社会科学的な経済学は勉強したけれども、本格的な経済学は勉強しなかった」と言っていました。

安住守護霊　でも、私は社会学をやってるから、「五円値上げしたって、自動販売機で買う」という、人の生態は見抜《みぬ》いてるわけよ。

黒川　社会学的な視点があったとしても、経済学や財政学的な視点のないままに、財務大臣をされているのではありませんか。

安住守護霊　社会学っていうのは、結局、ファーブル昆虫記《こんちゅうき》なのよ。ファーブル昆虫記を、人間社会に当てはめてみるのが、社会学！

黒川　財務大臣は、国家全体、あるいは、世界全体を見ていなければなりません。あなたには、それが見えていないのではないですか。

安住守護霊　そうなんだけど……。

立木　財務大臣には、日本経済に対する責任があります。

安住守護霊　私は、企業をも生き物として見ている。「ああ、こいつらは怠けとるな。もっと油を絞《しぼ》ってやらなきゃいかん。しっかり働くように」とね。

黒川　（苦笑）それはミクロ的ですね。

立木　かなり、上から目線ですね。

安住守護霊　上から目線ですよ。

「八割・二割の法則」ってあるでしょう。私、勉強してんだからさ。あのね、企業全体の二割しか働いてないのよ。だから、「残り八割の赤字企業を働かせて黒字にし、税金を払わせる」というのが、私のメッセージよ。

立木　税率を上げると働く意欲が失《う》せるので、赤字は放置されると思います。

安住守護霊　税金を上げると手取りが減るだろう？　個人の場合、手取りが減るじゃん？

立木　はい。そうです。

安住守護霊　手取りが減ったら、生活が苦しくなるじゃない？

立木　はい。

安住守護霊　収入を増やさなきゃいけないわけよ。だから、みんな、もっと熱心に働いて、給料が上がるように頑張るわけ。そうすると、結局のところ、増収になって、税収も増えるわけよ。分かる？　分かる？

立木　かなり苦しい説明ですね。

安住守護霊　手取りが減ったら、苦しいじゃん？　だから、増税をすると、みんな、収入を上げるように頑張って、出世競争が激しくなるわけ。そうすると、一段と厳しい競争社会が出来上がるわけよ。

綾織　（苦笑）財務事務次官が、安住さんを財務大臣として指名された理由がよく分かりました。

安住守護霊　君、なんで笑いながら、そういうことを言うんだよ。それは、人柄がいいからだ。

4　今後の「政局」を語る

財務省から「大宰相《だいさいしょう》」とおだてられている野田総理

綾織　最後に、一点お伺《うかが》いします。

今、「消費税増税の法案を通す代わりに、自民党と民主党による話し合い解散が、四月に行われるのではないか」という話が出ています。安住大臣は、これについて、どうお考えですか。

安住守護霊　それは、話し合わなきゃいかんやろうね。谷垣《たにがき》さんだって、財務大臣をやってるからさ。彼が大臣をやってたときには、増税の突《つ》き上げを下からずっと受けてたのに、とうとう、できなかったと思うけど、今の野田先生は実力者だからね。野田先生は、「増税をやってのける」とおっしゃってるんでしょう?

中曽根《なかそね》内閣だって、五年ぐらいやって、「大統領型の首相」と言われたのに、「売上税」をブチ上げたとたんに支持率が下がったら、あっという間《ま》に狼狽《ろうばい》し、引っ込《こ》めた。それで、今度は「消費税」と名を変えて、〝根回しの竹下さん〟にお願いした。三パーセント程度の増税を、竹下さんにやらせたわけだ。しかし、竹下さんは、その法案を通すのと引き換《か》えに、結局、退陣《たいじん》したんだろう？

ああいう中曽根や竹下みたいな大総理でも、苦戦してできなかったことを野田さんはやろうとしている。三パーセントの消費税が取れなくてあんなに苦しんだり、三パーセントの消費税と引き換えに辞《や》めたりしたのに、野田さんはすごいじゃないですか。「五パーセントを十パーセントに、十五パーセントに、二十パーセントに」と無限に増やしていこうとしている。これは、ものすごい〝大宰相《だいさいしょう》〟だ。君ら、勘違《かんちが》いしちゃいけない。野田さんは、きっと、ビスマルクみたいな人になるよ。

綾織　財務省からレクチャーを受けて、おだてられているのは、よく分かりました。

安住守護霊　そお？

「安住首相登場」までのシナリオとは

綾織　やはり、「解散して選挙をする」という方向ですか。

安住守護霊　そのへんが、ちょっと加減なのよね。とにかく、法案を通したいのは通したいけど、「それで解散をする」となると、民主党のなかからも反対が多い。

まあ、いちばんいいのは、世論《せろん》を、「増税やむなし」の方向に、うまいこと誘導《ゆうどう》することだ。もともと、去年は、そんな感じだったからね。「増税やむなし」と、新聞もテレビも、みんな揃《そろ》って言ってたじゃないの？

綾織　世論《よろん》としては、今、増税反対が増えています。

安住守護霊　ほんとは、それがいいよ。このまま解散もなく、首相も替《か》わることなく、行く。これがいちばんいい手だね。

二番目にいい手は、増税法案を通して、次の首相を〝フランケンシュタイン〟に（会場笑）……。えっと、何っていったっけ？

綾織　岡田克也《おかだかつや》氏のことですか。

安住守護霊　ああ、岡田フランケンシュタイン副総理に、次の総理になっていただいて、そのまま、民主党政権が続く。首相の顔を一つだけ替えて、議員は、みんなクビになることなく、任期いっぱいまで、まだ一年ぐらい続投する。これが被害《ひがい》最小だ。

　野田さんは、消費税率を五パーセント上げられたら、〝大宰相〟として歴史に残る。その〝武勲《ぶくん》〟だけで、歴史に名前は留《とど》められる。「中曽根、竹下を超《こ》えた」ということになるから、それをもって、名誉《めいよ》の引退をしていただいて……。

綾織　そういう説明を財務官僚《かんりょう》から受けているのは、よく分かりました。

安住守護霊　そして、あのフランケン……。どうしても、フランケンシュタインって言っちゃうんだ。あの人は、何ていったっけ？　〝イオン〟首相⁉

立木・綾織　岡田克也氏です。

安住守護霊　ああ、岡田ね。あの岡田さんが総理をやっても、どうせ評判は悪いだろう。あの顔つきから見て、評判が悪くなるのは分かるから、すぐ、また引きずり下ろされるだろう。そのときに、国民的人気のある私が、ついに、五番手の首相として登場するわけですよ。

で、私の大人気のなかで、任期ギリギリで解散を打って、勝利する。これで、私が続投して、次の政権を担《にな》う。

立木　あなたは、先の参院選で選対委員長をされていましたが、民主党は負けましたよね？

安住守護霊　君ね、「記憶《きおく》力がよすぎる」っていうことは、いいことじゃないんだよ。すぐ忘れることが、人間にとって幸福なんだよ。

綾織　そのように説明を受けて、おだてられているのはよく分かりました。

安住守護霊　感激した？　感激した？

黒川　いや（苦笑）。

早稲田《わせだ》は「在野《ざいや》精神」を捨てたのか

安住守護霊　君ね、野田さんとか私とかは、早稲田《わせだ》が明治以降に生んだ、大隈重信《おおくましげのぶ》以来の傑物《けつぶつ》なんだよ。私らを尊敬して、銅像をつくらなきゃいけないんだよ。分かる？

黒川　早稲田は在野《ざいや》の精神です。「官僚の言いなりにならない」のが、早稲田の精神のはずです。

安住守護霊　そんなことはないよ。早稲田は、在野をやめたんだ。もうやめたんだ。

黒川　在野の精神は、大隈重信侯《こう》の精神でもあります。

安住守護霊　早稲田は、東大を蹴落《けお》として、国家の中枢《ちゅうすう》に立つことになったんだよ。

黒川　それは在野の精神ではありません。改めていただきたいと思います。

安住守護霊　今は、東大が在野になったんだ。宮沢《みやざわ》さんで負けたのよ。宮沢さん以降、東大は、もう、在野精神になった。今は、私たちが国家の中枢で、私たちが日本の〝ハーバード〟なのですよ。分かる？

やはり「洗脳」されている安住財務大臣

黒川　次に、今日のメインの方がお待ちしておりますので……。そろそろお時間になりました。ありがとうございます。

安住守護霊　私が真打《しんう》ちでしょう？　私だけで本一冊つくれるよ。

黒川　はいはい（苦笑）。

安住守護霊　ん？　何？　なんで、そんな嫌《いや》がるの？　こんなにいい話《はなし》してんのに。

綾織　あなたに指示を与《あた》えている方に話を伺いたいので、すみませんが……。

安住守護霊　その人は、まあ、頭はちょっといいけど、「大衆の心をつかむ」という意味では、私以上じゃないよ。

綾織　国会会期中で、お忙《いそが》しいなか、貴重な時間を頂き、ありがとうございました。

黒川　ありがとうございました。

安住守護霊　ああ、そうか。うーん。せっかくいい話《はなし》してんのに……。

いいよ。じゃあ、帰るとする。

大川隆法　（二回、拍手《かしわで》を打つ）まあ、こういう人のようです（苦笑）。口が立つので財務大臣に起用されたのでしょうが、この感じからいくと、いつも「失言しないように」と財務官僚から注意されているでしょうね。

財務官僚は、大臣に失言されるのが怖《こわ》いので、おそらく、必要な情報以外は与えていないでしょう。「大臣、これだけを話してください。書いてあること以外は言わないでください」と、毎日、レクチャーしていることと思います。

野田さんが、個別のインタヴューなどを嫌がるのも、同じ理由だと思います。インタヴューを受けると、ついつい話してしまうのでしょう。それが怖いわけです。

ただ、この人は、野田さんとは違って話すのが好きなようなので、レクチャーの段階から騙《だま》さなければいけないでしょうね。大臣に何を話されてもよいようにしなければばいけないので、財務官僚は、大臣に本当のことが言えなくなるわけです。
したがって、「大臣を洗脳するしかない」ということですね。

第2章

財務事務次官・勝栄二郎《かつえいじろう》氏守護霊《しゅごれい》インタヴュー

二〇一二年三月二日　収録

勝栄二郎《かつえいじろう》（一九五〇〜）

財務事務次官。東京大学法学部を卒業後、旧大蔵省に入省し、主に主計畑を歩む。大蔵省国際金融《きんゆう》局為替《かわせ》資金課長、主計局主計官、財務省大臣官房《かんぼう》文書課長、主計局次長、理財局長、大臣官房長、主計局長等を経て、二〇一〇年七月、事務次官に就任《しゅうにん》した。勝海舟《かつかいしゅう》の末裔《まつえい》と噂《うわさ》されるが、その真偽《しんぎ》は明らかでない。

質問者

立木秀学《ついきしゅうがく》（幸福実現党党首）

黒川白雲《くろかわはくうん》（幸福実現党政調会長）

綾織次郎《あやおりじろう》（幸福の科学理事 兼《けん》「ザ・リバティ」編集長）

※役職は収録時点のもの

1 「影《かげ》の総理大臣」の本心を探《さぐ》る

勝事務次官の守護霊《しゅごれい》を招霊《しょうれい》する

大川隆法　それでは、「影《かげ》の総理大臣」に行きますか。

まあ、勝海舟《かつかいしゅう》の子孫かどうかは知りませんが、（プロフィールを手にとって）四歳《さい》から高校一年生まで西ドイツにいた国際派なわけですね。なるほど。

「昨年の民主党代表選の際も、海江田経産相《かいえだけいさんしょう》（当時）が次期総理では増税が遠のくために、勝事務次官が影の選対本部長として、野田総理誕生のために政界工作を行《おこな》ったとされる」というわけですか。

要するに、この人は、「キングメーカー」であり、現在、実質上の日本の支配者をやっていて、「脱官僚《だつかんりょう》・政治主導」の正反対を、あっという間《ま》にやってのけたわけですね。

では、呼んでみます。

（両腕《りょううで》を胸の前で交差させ、瞑目《めいもく》し、大きく息を三回吐《は》く）

財務省事務次官、勝栄二郎氏の守護霊《しゅごれい》を、幸福の科学総合本部に呼びたいと思います。

わが国の国民のために、そして、わが国の経済を真摯《しんし》に心配している人たちのために、どうか、その本心を明らかにしてください。

大臣を表に出されても、あなたの本心が分からないため、みな、日本の国家経営の未来について、心配をしています。

どうか、今日は、本心を明らかにし、忌憚《きたん》のない言葉でもって、われらに、この日本をどのように引っ張っていこうとしているのか、お教えください。

また、日本の未来世紀について、どのように考えているのか。海外との関係について、どのように考えているのか。悩《なや》める衆生《しゅじょう》のために、それらのことについても、どうか、腹蔵《ふくぞう》なくお話しくだされば幸いです。

勝栄二郎財務事務次官の守護霊、流れ入《い》る。

勝栄二郎財務事務次官の守護霊、流れ入る。

勝栄二郎事務次官の守護霊、流れ入る。勝栄二郎事務次官の……。

（約十秒間の沈黙《ちんもく》）

勝事務次官の守護霊〔以下、「勝守護霊」と表記〕　ふーん。うーん？

立木　こんにちは。

勝守護霊　うーん。

立木　勝事務次官の守護霊様でいらっしゃいますか。

勝守護霊　しゃべらんぞ。フフフ。

立木　幸福の科学総合本部にお出ましくださいまして、ありがとうございます。

勝守護霊　しゃべるのは大臣でいいんじゃ、大臣で。次官はしゃべらんぞ。

立木　私《わたくし》にとりまして、勝事務次官は大学の大先輩《だいせんぱい》であり、かつ、今、キングメーカーとして、非常に実力を発揮しておられるということで、本当にご尊敬申し上げております。

勝守護霊　君たちの「尊敬」って言葉は、何か薄《うす》いんだよなあ。

立木　いやいや。

勝守護霊　薄っぺらいんだよなあ。

立木　「勝事務次官は、財務省内でも非常に評判が高く、政治家の心をつかむのが非常にうまい」と伺《うかが》っておりまして、マスコミも……。

勝守護霊　君ら、早く、国会で質問しなさい、国会で。早く国会に入って、議席をちゃんと取って、事務次官を呼び出して質問をしなさいよ、予算委員会でね。だから、今は資格がないのよ。無資格なのよ。君らはまだ在野《ざいや》の方なのよ。分かるかな？

立木　ただ、われわれは、議席獲得《かくとく》に向けて頑張《がんば》っておりますので、それは、また……。

勝守護霊　うん、いずれ、百年後ね。

立木　いいえ。もう少し、時期は早いと思います。

勝守護霊　私はいないよ。もう、事務次官じゃないからさ。質問したって無駄《むだ》だよ。だから、君の質問を国会で受けることはできない。残念だったな。

立木　しかし、国会でなくても、やはり、「世の中の人々に、しっかりと真実を知っていただく」ということは非常に大事です。

勝守護霊　うーん。そんなことを軽々と語るようでは事務次官にはなれないんだよ、君。分かってる？　私が日本の〝ゴッドファーザー〟なんだからさ。そんなに軽くないんだよ。

「勝海舟《かつかいしゅう》が先祖」という噂《うわさ》はカリスマ性を出すために必要

綾織　まずは、ジャーナリスティックな観点から、お話をお伺いできればと思います。

勝守護霊　ああ、そうか。

綾織　私は、「勝次官の手腕《しゅわん》は、本当に素晴《すば》らしい」と思って見ているのですが……。

勝守護霊　君ら、ほめるのがうまくなったんだねえ。何か、「ずいぶん悪人が揃《そろ》ってる」っちゅう噂《うわさ》だったんだ（会場笑）。急にいい人ばかりになってきたじゃないか。

綾織　民主党政権が「脱官僚」を謳《うた》っていたところ、非常に強い〝責任感〟を持った財務省の方々が、それを百八十度引っ繰《く》り返し、今の政権をコントロールされていると聞いております。

勝守護霊　いや、ご先祖がね、やっぱり、刺客《しかく》を手捕《てど》りにして投げ飛ばしてた方だからさ。私も、そういう「脱官僚」なんて言うやつを、手捕りにして、相撲《すもう》みたいに庭に投げ飛ばしているわけだ。

綾織　「勝海舟《かつかいしゅう》さんがご先祖」というのは、本当なのですか。

勝守護霊　まあ、そのほうが都合がいいじゃないか（会場笑）。誰《だれ》も分からねえんだからさ。

綾織　ほお。それは、ご自分で噂を流されたのですか。

勝守護霊　いやあ、「勝」という名は数が少ねえから、それを聞いたら、「そうじゃねえか」と思うだろう。まあ、それでいいじゃないか。

綾織　ほおー。

勝守護霊　何だか、口調まで似てきたなあ。口調も似せたほうがいいなあ。そのほうがそれらしいからさ。

綾織　（苦笑）なるほど。ある種のカリスマ性を出そうとされているわけですね。

勝守護霊　ああ、必要だねえ。やっぱり、それは必要だよ。それはねえ、大物次官になるためには、その程度のカリスマ性は必要だねえ。以前、〝デンスケ〟がマージャンで強かったので、カリスマ性が出たようになあ。

綾織　斎藤次郎さん（元大蔵事務次官）ですね。

勝守護霊　まあ、次官のカリスマ性なんていったって、財務省なんかじゃ、勉強の「優《ゆう》」の数だけでカリスマ性は出ねえからさ。何か、変わった謂《い》われがないといけないんだ。

綾織　今、まさに、そのカリスマ性でもって、消費税の増税を着々と進められ、日本の財政の立て直しを……。

勝守護霊　それは、国家百年の計だからさ。勝安房守《あわのかみ》と同じような心境だなあ。

綾織　まあ、あなたは、日本の財政に責任を持って、それを導入しようとされていると思うのですが、税率は、このまま十パーセントを……。

勝守護霊　いや、だから、同じ判断なんだ。勝海舟先生はだな、「幕府は、このままでは財政破綻《はたん》を起こし、必ず腐《くさ》って潰《つぶ》れる。それゆえ、改革が必要だ」ということで、官僚であるにもかかわらず、維新《いしん》の志士たちを子飼いにして、日本の国家改造に取り組まれた。

まあ、私は、そういう気持ちで、「このままでは国家が潰れる」ということを分かった上で、あえて悪役も引き受けとるわけだ。

「一生で稼《かせ》いだ金を死ぬときに全部取り上げる」のが財務省の理想

綾織　そうなると、やはり、「消費税は、おそらく、十パーセントでも、ちょっと足りないかな」と思うのですが、何パーセントぐらいまで必要でしょうか。

勝守護霊　まあ、君が笑った段階で、引っ掛《か》けようとしてることぐらい、私には分かってるんだ（会場笑）。君ね、私は安住さんよりは賢《かしこ》いんだ。そんなばかじゃないんだけど、サービスはしてあげるよ。

まあ、十パーセントでは済まないよ。それはそのとおりだよな。

綾織　そうですね。

勝守護霊　だから、十パーセント以上を目指してるよ。

綾織　やはり、「二十パーセントでも効《き》かないかな」という感じがするのですけれども。

勝守護霊　ああ、そうですか。幸福の科学さんは「二十パーセントでも少ない」と思ってる。ああ、そうですか。それは、いい情報でしたねえ。分かりました。

綾織　いやいや。あなたのお気持ちを忖度《そんたく》して述べたまでです。

勝守護霊　じゃあ、幸福実現党が何か言ってきたときには、「君たちのところは二十パーセント以上を目指してるらしいじゃないか」と切り返すように努力しよう。

綾織　いいえ。幸福実現党は、全然違《ちが》う考え方です。私は、取材として、お伺いしているだけですから。

勝守護霊　君、税率はねえ、できれば、九十九パーセントまで近づけるのが、いちばんいい案なんだよ。

綾織　（苦笑）消費税も九十九パーセント？

勝守護霊　ああ。もう、すべて、百パーセント取るのが、ほんとはいちばんいいんだよ。

綾織　消費というのは、やはり悪ですか。

勝守護霊　百パーセント取る。つまり、「時間をずらしつつ、結果的には、百パーセント取る。一生で稼《かせ》いだ金を、死ぬときには全部取り上げる」というのが、財務省の理想だな。

綾織　では、「相続税は百パーセント」というのが基本ですね。

勝守護霊　最終的には、全部取らなきゃいけないのよ。この世に執着《しゅうちゃく》を残したら駄目なんだな。君たちの宗教が言うとおりなんだよ。一切《いっさい》の執着を断《た》たねばならないんだよ。この世に執着があると、だいたい、あの世に還《かえ》れないんだ。それをなくすのが財務省なんだよ。

綾織　それは個人の問題であり、「財務省とは関係ない」と思います。

勝守護霊　だから、財務省はねえ、釈迦《しゃか》の教えを忠実に守ってて、土地や財産、家族などに執着を持ったら、あの世に還れないから、全部取り上げてあげようとしてるんだ。

立木　いや、それは財務省の執着です。

勝守護霊　まあ、「裸《はだか》で生まれたんだから、裸で還りなさい。心一つで還りなさい」ということで、一切を財務省がお預かりするわけだ。

綾織　そうすると、プランとしては、消費税を二十パーセント以上に上げていき、その次には、やはり、資産課税あたりが狙《ねら》いになりますね。

勝守護霊　君、小さいことを言うんじゃないよ。とにかく、もう、全部出しゃいいのよ、最終的には。

綾織　ああ。もう、とにかく上げていく？

勝守護霊　だから、ストリップと一緒《いっしょ》だよ。一枚ずつ脱《ぬ》いでいくところが楽しいのであってね。こちらは脱がしてくところが面白《おもしろ》いわけだから、最終的には素《す》っ裸《ぱだか》よ。そんなの分かってるじゃない。全部取るんだから。

黒川　今、お話を伺っていると、相続税なども視野に入っていると感じるのですが。

勝守護霊　当ったり前じゃないか。

黒川　ああ、百パーセントですか。

勝守護霊　あの世に一円も持っていかせるもんか（会場笑）。当たり前や。

黒川　それは、マルクスと似ています（苦笑）。

立木　社会主義、共産主義です。

勝守護霊　いや、マルクスじゃなくて、君たちの教えと共通してるんじゃないか。何を言ってるんだ。

立木　われわれは、「民間にきちんとお金を残し、それで経済を活発にしないといけない」と思っています。

勝守護霊　残す必要なんかないじゃないか。やっぱりねえ、「人生は、ゼロからのスタートだ」って、君たちもちゃんと言うてるじゃないか。だから、ゼロにしてやらないといかんのだ。

親の財産なんか遺《のこ》したらいかん。一円も遺しちゃいかんのや。宗教的には、それが分からないで、「悟《さと》ってる」とは言えんなあ。

「公務員の給料を上げれば消費が活性化する」のか

綾織　（苦笑）集めたお金を、どう使われますか。まあ、それだけ集めると、やはり、「いろいろなことに使える」と思うのですけれども。

勝守護霊　いや、まずは、借金を減らさないといかんでしょう。

綾織　借金を減らす？

勝守護霊　幕府みたいに潰れてしまうからさ。幕府にだって、優秀《ゆうしゅう》な人は大勢いたんだよ。私たちのような優秀な人は大勢いたんだけども、借金が多くてね。まあ、豪商《ごうしょう》から金を借りて、結局、踏《ふ》み倒《たお》しをずいぶんやったけど、だんだん、庶民《しょみん》の怒《いか》りが止まらなくなってくるからねえ。やっぱり、踏み倒しってあんまりよくないよ。

結局、君たちの議論はね、立木君よ。

立木　はい。

勝守護霊　君の議論は、結局、「踏み倒せ」ということを私に勧《すす》めてるんだよ。

立木　いえいえ。

勝守護霊　ええ？　だから、君は、「とにかく、国債《こくさい》をいっぱい発行して、最後は踏み倒せ」と言ってるんだよ。分かってるんだ。

立木　いいえ、違います。

勝守護霊　よく分かってる。君の言うことは、よく分かってる。

立木　私は、「経済を成長させることが大事だ」と言っているのです。

勝守護霊　しかし、評判が悪くなるよ、最後はね。

黒川　しかし、本当に、「借金を減らそう」と思われているのであれば、公務員の給料を下げないとおかしいですよね。

勝守護霊　それはいけない。

黒川　国家公務員は、昨年末、ボーナスが四パーセントも上がっていますが、本当に、「借金を減らそう」と思うのだったら……。

勝守護霊　いや、消費を活性化するためには、やっぱり、公務員の給料を上げなきゃいけない。

黒川　消費を活性化するのであれば、消費税を減税したほうがよほどいいです。

勝守護霊　いやいや、そんなことはない。やっぱり、公務員に「金を使う喜び」を教えなければいけないわけよ。

黒川　（苦笑）

勝守護霊　それから、ゼネコンを潤《うるお》すために、公務員社宅もつくらなければいけない。だいたいねえ、公務員が、株も遊びもしないで、あんまり小さくしてると、日本経済は不活発になるから、公務員を、中国人に負けないくらい、銀座で買い物できるようにしてやらなきゃいけないんだよ。

綾織　いいえ、それが公務員である必要はありません。国民がお金を使えるようにすればいいのです。

勝守護霊　公務員がそうすれば、民間も、「ああ、そうしていいのかなあ」となるわけだ。それがお上《かみ》の姿なんだよ。

ニートにも税金を払《はら》わせられる消費税は「魔法《まほう》みたいなもの」

立木　民間は、重税で、負担を押《お》し付けられて大変なわけですよ。

勝守護霊　重税って、払《はら》ってない人がいったいどれだけいると思ってるんだ。選挙対策のために、課税最低限をどんどんどんどん引き上げていったら、ドジョウじゃないけど、もう、網《あみ》の日を全部抜《ぬ》けて逃《に》げていくからね。逃げれないのが消費税なんだからさ。これがいちばん公平で、確実なんじゃないか。これだったら、要するに、フリーターだって税金を払わされるわけだからさ。消費しないわけにいかないからね。フリーターというか、親の脛《すね》をかじってる、何だか知らんが、家でゴロゴロしてるやつ、何て言うんだ、あれ？

立木　ニートですか。

勝守護霊　ああ、ニートだ、そうだ、ニートだ。流行《はや》りのニートだ。ニートにだって税金を払わせる。これができるっていうのは、やっぱりすごいことじゃないか。

だから、消費税ってのは、魔法《まほう》みたいなものなんだよ。

立木　ただ、その結果として、税収が増えないのではないですか。

勝守護霊　いや、そんなことはない。それは、君ねえ、一回であきらめたらいけないんだ。幸福実現党と一緒なんだ。一回であきらめちゃいけないいんだよ。

立木　（苦笑）いやいや。

勝守護霊　人生ねえ、三回でも十回でも、失敗を続けなきゃ駄目なんだ。

あのねえ、「最初は、増税に対する抵抗感《ていこうかん》があるから、みんな消費を控《ひか》える。だから、そういう増税は受けない」って言われてる。だけど、だんだん慣らされてき始めると、五パーセントが十パーセントになろうが、十パーセントが十五パーセントになろうが、十五パーセントが二十パーセントになろうが、三十パーセントになろうが、麻痺《まひ》してきたら、もう分からなくなる。それが北欧《ほくおう》の状態でしょう？　だから、分からなくなるんだよ。

立木　ただ、前回、それをやったために景気が悪くなり、自殺をする方がものすごく増えたわけです。

勝守護霊　だから、一回や二回じゃ駄目なのよ。

立木　現実に国民の命を奪《うば》っているわけですよ。

勝守護霊　日本人はねえ、消費税ってものに慣れてないのよ。慣れてきたら、別にね、「あ、次、幾《いく》ら上がるんかなあ?　五パー?　あ、そうですか」で終わるようになるんだよ。もうすぐね。

立木　そうはならないです。

「国民の幸福なんか後でいい」と嘯《うそぶ》く勝守護霊《しゅごれい》

綾織　あなたは日本経済を、最終的に、どういうかたちに持っていくのが理想ですか。消費税を上げ、財政再建をして、国民の生活はどのようになるのでしょうか。

勝守護霊　まあ、私は、いちおう、〝幕府の財政立て直し〟をしておるけれども、二宮尊徳《にのみやそんとく》ではないからさ。やっぱり、二宮尊徳みたいな人が出て、立て直しの模範《もはん》をみんなに見せることが大事だろうね。それをやらにゃあいかん。

黒川　ただ、二宮尊徳さんは、「民《たみ》を豊かにする」という考えをお持ちでしたけれども、今、お話を聴《き》いていると、「お上を豊かにする」ということばかりで、「民を豊かにする」という考えは伝わってきません。

立木　「お上がすべて吸い上げる」という感じですね。

勝守護霊　いや、でもね、やっぱり、そうは言っても、今、給料を下げようとしてるしさあ。それから、社宅のところも削《けず》りに入ってるし、もうすでに、いろんなものを売ったよなあ。だから、各役所の社宅も……。

綾織　いいえ、「ほとんど売っていない」と思います。

勝守護霊　いや、売った売った。財務省の社宅も、おたくの近所の白金《しろかね》の土地だって売った。

綾織　一部はありますね。

勝守護霊　売りましたよ。五軒《けん》、家が建ってたのを売ったんだからさ。こっちも、あやって、いちおう〝ストリップ〟をやってみせてるのよ。だけど、そういうフリンジ（賃金外給付）が悪くなると、優秀な人材が集まらなくなるのよ。そうやって、リクルートしてるんだからさ。

綾織　私は、財務省のなかの話ではなくて、国民のことを伺っているのです。

勝守護霊　いや、そんなことない。国民なんか、後でいいのよ。

綾織　（苦笑）後ですか。

勝守護霊　財務官僚が、まず幸福にならなきゃ、国民は幸福にならない！　ここに不幸な人が集まってたら、国民をいじめ始めるからね。それは、君たちの好まないことだろう？　財務官僚が〝ハッピーハッピー〟になると、「国民を幸福にしたいな」と思うようになるわけだ。

立木　すでに、今、いじめに入っているのではないですか。

勝守護霊　え？　いじめだよ。それは、われわれもいじめられてっからさあ。それはそうや。この能力から見たら、民間の投資銀行みたいなところで、金儲《もう》けするやつなんて、やっぱり許せないよな。

立木　やはり許せないですか。

勝守護霊　ああ、許せないよ。

綾織　では、財務官僚の給料をどのぐらいまで上げていくと、いちばんハッピーなのでしょうか。

勝守護霊　いや、給料で食《く》ってるんじゃないのよ。私たちは、若いころから、ずーっと残業代で食ってるんだからさ。君、分かってんの？

綾織　まあ、一生懸命《いっしょうけんめい》、働いていらっしゃいますね。

勝守護霊　財務省は能力が高い人を集めたんだから、ほんとは給料が高くなきゃいけないけど、国家公務員の俸給《ほうきゅう》は決められてるから、上げようがないじゃないか。だから、財務省だけ、残業代をいっぱい上げて、タクシー券をいっぱい出して、実質の手取りが増えるようにどれだけ努力したと思ってんのよ。

防衛省なんかには一円も付けずに、一生懸命、財務省に付けて、給料を上げてきたんだからさ。

綾織　それを、また、どんどん上げていかれるわけですね。

勝守護霊　だから、実質の手取りは、そういう三流官庁に比べりゃ、二倍はありましたよ。

「天下《あまくだ》り廃止《はいし》で役所は老人天国になる」という身勝手な理屈《りくつ》

黒川　民主党は、政権交代をするときには、「天下《あまくだ》りを廃絶《はいぜつ》する」と言っていましたが、今も全然減っていません。

現在、天下り先には、十二兆円ぐらい流れているので、そこを削れれば、消費税率を五パーセント上げる必要はないのではないでしょうか。

勝守護霊　天下りを廃止したら、どうなるわけ？　そうしたら、役所は老人天国になるけど、それでいいのか？

定年が七十とか七十五とかになったら、わしもうれしいがね。

黒川　いや、そういうかたちではなく、民間で……。

勝守護霊　ああ、二十年ぐらい時間があったら、もう、天皇陛下みたいになれちゃうなあ。

綾織　まあ、官僚のみなさんは優秀な方々なので、「民間で稼いで、税金を払っていただく」というのが、いちばんいいと思います。

黒川　そうですね。「新しい産業を起こして、民間で活躍《かつやく》していただく」と。

勝守護霊　いや、民間が赤字で喘《あえ》いでるところに、私たちが天下るとねえ……。

綾織　いえいえ、ですから、優秀な人に事業をしていただいて……。

勝守護霊　次官だと最低でも副社長で行かないといけないから、民間が赤字経営をやってるところに副社長で行くと、何千万も給料を取らなきゃいけない。かわいそうじゃないか、なるべく頑張らないと。

2　増税に向けての「戦略」とは

東大の没落《ぼつらく》を決定的にした宮沢《みやざわ》首相の失敗

立木　ところで、前事務次官がマスコミに天下《あまくだ》りされているわけですが、これは、やはり、増税に向けたマスコミ対策なのでしょうか。

勝守護霊　まあ、そんな細かいことは、私はよく知らない。

立木　いや、大きな人事だと思います。

綾織　勝さんは、マスコミの方々にも、かなり、ご自身で接触《せっしょく》され、消費税について話をされていますが、マスコミの方々も勝さんの言うとおりに動いていらっしゃって、「さすがに力があるな」と思っています。

勝守護霊　まあ、やっぱし、日本には秀才信仰《しゅうさいしんこう》があるからね。

綾織　もう、マスコミのなかで……。

勝守護霊　政治家は敗れたのよ。だから、君、立木君ねえ、あの、宮沢《みやざわ》さん（宮沢喜《き》一《いち》元首相）？

立木　はい。

勝守護霊　「宮沢さんはエリートだ。賢《かしこ》い」と思って、みんな信じてたのに、あの「資産倍増論」で資産が半減になったあたりで、もう、東大の没落《ぼつらく》は決定的になったんだよな。それをかろうじて支えてるのは、私なんだからさ。君、尊敬しなきゃ駄目《だめ》だよ。私が倒《たお》れたら、もう東大なんか値打ちないよ。二束三文で売り飛ばされるよ、もうすぐ。

立木　ただ、今の増税政策だと、さらに、「資産が減る」あるいは「消費が減る」と思います。

勝守護霊　また、あんたがたがあんまりうるさく言うと、ほんとに、「東大も売り飛ばして金《かね》に換《か》えようか」と考えてるところなんだからさ。

綾織　それもいいと思います。

立木　まあ、「民営化」というのは、一つの選択肢《せんたくし》ですね。

勝守護霊　ああ？

「マスコミをコントロールできるか」が腕《うで》の見せどころの一つ

綾織　先ほどのマスコミに関してですが、新聞協会などが、「軽減税率にしてください」と要望しています。そのへんについては、すでに、何か約束をされたりしていますか。

勝守護霊　まあ、それはねえ、「マスコミをどうコントロールできるか」っていうのは、やっぱり、腕《うで》の見せどころの一つではあるよね。

一つは、「取材拒否《きょひ》」という手で、取材の口を開けたり閉めたりする。つまり、悪い記事を書いたら閉めて、いい記事を書いたら開ける。そうすれば、パブロフの犬みたいに、条件反射でいい記事を書き始めるようになる。取材したかったらね。まあ、これが一つの手だけど、これだけで効《き》かなくなってくることもある。

そうすると、口約束みたいな感じで誘導《ゆうどう》することも可能だよな。「法案」っていうのは、実際に、国会を通らなきゃ、何も効きはしない。役所が言ったから、そのとおりに決まるとは限らない。国会で法案が通らなければ、それで終わりだからさ。だから、「軽減税率をかけるように、料亭《りょうてい》で、におわせておいて、あとは国会の責任だから、分からない」っていうことだ。

「努力したんだけど、国会さんが通さなかった」と言えば、それで終わりだろう？だから、マスコミぐらい、だまくらかすのは簡単だよ。

綾織　新聞の側からすると、「再販制度《さいはん》」というのも、非常に気になるところですけれども……。

勝守護霊　うーん。いや、私たちは言論の自由の味方だからね。やっぱり、そういう、産経新聞みたいな〝ミニコミ紙〟が潰《つぶ》れるのはかわいそうじゃないか。

綾織　（苦笑）ミニコミ紙ではありませんよ。

勝守護霊　そういうのが潰れないようにしてやることが大事なんだ。夕刊を廃止《はいし》してかわいそうなのに、さらに、朝刊まで廃止になるんじゃないか？　そういうところの経済状態をいかにして支えてやるかが大事だな。

綾織　何とか頑張《がんば》っていますよ。

立木　ただ、何か、「増税反対の識者がテレビに出るのを止めるよう圧力をかけている」という話も聞きます。

勝守護霊　まあ、それは被害妄想《ひがいもうそう》なんだよなあ。人が後ろから付いてくると、「自分を襲《おそ》うんじゃないか」と思うんだよな。だけど、君ねえ、私たちのようなエリートが、そんな創価学会みたいなことをするわけないでしょう？

税務調査後に大手新聞の論調が変わったのは偶然《ぐうぜん》か

黒川　しかし、朝日や読売などに「申告漏《も》れ」に関する税務調査が入り、その後、新聞の論調が「増税路線」に変わったようです。

勝守護霊　そんな指示は全然出してないんだけど、国税庁の職員たちが、勝次官の心を忖度《そんたく》して、「きっと、税務調査に入ってほしいだろうなあ」と、彼らは勝手に独走して、行動して、結果的に、私の仕事に歯抜《ぬ》けができないように盛り立ててくれてるわけよ。これは、やっぱり、いい〝領主〟なわけよ、私が。

黒川　まあ、「うまく誘導した」ということですね（笑）。

勝守護霊　いや、私はやってないし、何の指示も出してないけど、みんなが〝領主〟の心を読んでくれるわけだな。

綾織　産経新聞には、去年、税務調査に入ったそうですが、なかなか、言うことをきいてくれないみたいですね。

勝守護霊　産経なんか、取るものがない。もう、貧乏《びんぼう》だから、取るものがないよ、産経は。ほんとに、もう大変だよ。脅《おど》そうにも、ほとんど効きはしないよ。もう、「障子破って持って帰るか」っちゅうぐらいの会社だからさ。

綾織　「なかなか言うことをきいてくれない」ということですけれども、このへんについては、新しい対策を考えておられるのでしょうか。

勝守護霊　まあ、産経ぐらいで世論《せろん》が動くことはないけどさあ。右翼《うよく》が買ってる新聞だろう。基本的に、右翼にはインテリがいないからさ。

「増税反対」の世論が盛り上がってきている理由

綾織　ただ、トータルで、そういうマスコミ対策をやっていらっしゃるようですが、今、だんだんと消費税反対の世論《よろん》が高まってきています。

勝守護霊　去年と、ずいぶん変わってきたねえ。

綾織　はい。
勝守護霊　なんでだろうかねえ。
綾織　幸福実現党も、党首をはじめ、「増税反対」のオピニオンを張っていますからね。
勝守護霊　共産党と一緒《いっしょ》になっていて、君たち、すごくまずいぞ、あれは。早く袂《たもと》を分かたないとな。
綾織　思想的には、共産党とまったく違《ちが》います。
立木　われわれは経済成長を目指しておりますのでね。
勝守護霊　結果として、あれは一緒に見えちゃうからさあ。
立木　いえいえいいえ。
勝守護霊　あれ、早くポスター（幸福実現党の政策ポスター「ストップ増税！」）を剝《は》がしたほうがいいよ。ポスターを剝がして、もうちょっと、ケバイ男かケバイ女を出したポスターにして（会場笑）、君は、俺《おれ》と同じく、次官のように裏から動かすほうが向いてるなあ。頭のいい人はそうしなきゃいけない。表に出ちゃいけないんだよ、表に出ちゃあ。

立木　いやいやいや。まあ、でも、「ポスターは有効だ」ということが非常によく分かりました。

勝守護霊　いやあ、君ねえ、あんなポスター、顔に修正が入ってることぐらい、すぐ見抜けるんだからさあ。駄目だよ。修正ポスターだろう？

綾織　いえいえ、もともと美形ですので。

勝守護霊　ああいう「いい男」みたいに修正すると、金がかかるんだからさあ、そういう無駄な金を使っちゃいけない。それは公費の濫用《らんよう》だよ。

立木　事務次官があまりそういう細かいことにこだわっては駄目ですよ。

勝守護霊　ああ？　それはそうだな。まあ、いいや。

黒川　ただ、「増税反対」の世論《よろん》が盛り上がってきていることに、危機感は感じられていますよね。

勝守護霊　うーん、いやあ、どこから始まったんかな？　去年というか、民主党になってから、わりあい行けそうな感じになってきたのに……。

黒川　そうですね。

綾織　勝さんが頑張れば頑張るほど、「増税反対」の世論《よろん》が高まってきていますよね。

勝守護霊　どこからこうなったのかなあ？　鳩山《はとやま》でも、菅《かん》でも行けそうだったけど、国防というか、沖縄《おきなわ》（米軍基地移設問題）で躓《つまず》いたあたりから、なんで「増税反対」のところまで来たのか、もうひとつよく分からないんだがなあ。どこのマスコミも、「増税が必要だ」って言い、そういう世論《せろん》が、だいたい取れてきていたはずだ。

黒川　それでも反対論が……。

勝守護霊　産経あたりが、ちょっとへんてこりんなことを言ってたけど、あんなの、無視できるからさ。

何だか、おかしいんだ。どこかで何かが変わったんだよなあ。

黒川　幸福実現党も、言論活動やデモ活動、街宣《がいせん》活動等をさせていただいておりますのでね。

勝守護霊　一議席も取れてないくせに。

「情報を干す」のが大臣工作の基本

綾織　ぜひ、党首を工作されたほうがよろしいかと思うのですが。

勝守護霊　党首を工作する？

綾織　はい。

勝守護霊　うーん、「党首を工作する」ってか。

綾織　はい。やはり、いちばん目を付けておかないといけないところだと思いますね。

勝守護霊　「党首を工作する」か。君を〝リクルート〟して、議席なしで財務大臣に据《す》えたら、いったいどうなるか。「安住」対「立木」だと、どうなるか。

駄目だよ。君だって、一週間以内に落とせるよ。簡単だよ。一週間以内に君も落とせるよ。

綾織　ああ、そうですか。

勝守護霊　われらの作戦は、大臣に情報を上げなければ、それで済むんだからさ。情報を〝干して〟しまえば、大臣なんて、なーんにもできなくなる。やっぱり一週間で終わりだよ。

綾織　立木党首は非常に信念の強い方ですので、大丈夫《だいじょうぶ》だと思います（笑）。

勝守護霊　「安住は一日で終わり」だけど、あなただって一週間で落ちるよ。

財務省の支持を得た者が総理になれる

立木　ちなみに、安住大臣を指名されたのは勝事務次官ですか。

勝守護霊　指名はできん。私には指名権はないよ。

立木　それでは、「(安住氏が)いいんじゃないか」と?

勝守護霊　指名を示唆《しさ》することはできる。

立木　やはり、そうでしたか。

黒川　しかし、「野田首相は、勝事務次官に大臣候補について相談をした」という情報が……。

勝守護霊　私なくして、彼が総理になることは、ありえないよ。つまり、「財務省の支持を得た者」が、総理大臣になれる。

綾織　野田財務大臣が誕生したときも、やはりそうでしたか。

勝守護霊　「財務省から支持を受けている」って言えば、議員がみんな、なびくからさ。だって、議員の仕事は、ほとんど〝財務省詣《もう》で〟だからさ。「予算をもらうこと」が仕事なんだよ。

黒川　代々の財務大臣を見ていると、菅さんや野田さん、安住さんと、「財政や経済の素人《しろうと》」の方が就《つ》いているように思うのですが……。

勝守護霊　素人でいいんだよ、素人で。素人だからこそ、私たちプロが生きていけるんだ。素人でいいんだ。民主主義ってのは、素人が集まってやるもんだからね。

黒川　「〝神輿《みこし》〟は軽いほうがいい」と？

勝守護霊　ああ。民主主義は、「陪審制《ばいしんせい》」とだいたい同じようなものなんだからね。素人が集まって議論したときに、話がずれないように、こういう専門家が支えるっていうことが大事だ。こちらは何十年もやってるからプロだよ。向こうは素人さ。

立木　いや、プロのわりには、この十年、二十年と、非常にパフォーマンス（実績）がよくないですよね。

勝守護霊　うーん、君、英語を使うなあ（会場笑）。

立木　いえいえいえ。

勝守護霊　そんなんじゃ、庶民《しょみん》の心をつかめないよ。「パフォーマンスがよくない」なんっちゅうのは、バンカー（銀行マン）の使うような言葉だから、駄目だよ。そんな言葉を使ったら落選するからさ、君、指導しておくよ。指導、その一。

立木　（苦笑）（会場笑）

勝守護霊　駄目よ。パフォーマンスなんて使うのは許せない。

立木　細かいところをチェックしますね。

野田総理と谷垣《たにがき》総裁は「取り引きしている」

綾織　自民党の谷垣《たにがき》総裁も「財務大臣経験者」ですけれども、この方も、やはり、かつては、かなり関係があったのでしょうか。

勝守護霊　いや、彼はね、東大卒だけど、プライドがないからさ。もう、引け目の塊《かたまり》で、ヒキガエルみたいな男だからさ。まあ、洗脳はほぼ終わってるから、今さら考えは変わらないだろうね。

綾織　今回、野田首相と谷垣総裁が会談をされたという報道（二月二十五日の会食）もありましたが、勝さんも同席されましたか。あるいは、「その会談を設定した」という話も出ておりますが。

勝守護霊　君ね、そういうことは、「あうんの呼吸」でやるものであって、明確に証《しょう》拠《こ》が残るようなことをしてはならないんだよ。

綾織　そのときには、「話し合い解散」が大きなテーマになったようですけれども、それはやはり、消費税を通すためでしょうか。

勝守護霊　野田も、さすがに、今の状態で解散するほど、ばかではないからさ。さすがに、「ドジョウ」と言っているだけあって、何とか、うまく、のたうち回って逃《に》げなきゃいかん。もうちょっと、支持率が好転したときでないと、やっぱり、解散したくはないよなあ。

税金は松下幸之助《こうのすけ》が教えた「適正利潤《りじゅん》」なのか

綾織　今後、消費税の増税法案を成立させるために、いろいろな戦略を練っていらっしゃると思うんですけれども、その一部だけでも教えていただけませんか。

勝守護霊　いや、野田はね、松下政経塾《じゅく》だろう？　あんたがたは、「政経塾のわりには左翼だ」みたいな言い方をしてるけど、それは考え違いなんだよ。彼はね、松下幸《こう》之助《のすけ》のなかの「適正利潤《りじゅん》」っていうやつを頭に入れてるわけよ。

　つまり、「国家経営には原価がかかるから、原価に適正な利潤を乗せなければ、商品は売れない」というふうに考えてるわけで、公務員がサービスをするためには、原価に適正な利潤を乗せなきゃいかん。

綾織　「適正」であれば、何の問題もないと思いますよ。

勝守護霊　彼は、その「適正利潤」が、「税金」に当たると考えてるわけだ。要するに、「もっといいサービスを国や地方公共団体に求めるんだったら、ちゃんと税金を納めなさいよ」ということだ。

綾織　そうであったとしても、九十九パーセントの税率にはならないと思います。

勝守護霊　ねえ？　「『ゴミの分別ができてないから、持っていかない』とか、こういうことが横行するようになるよ」と、そういうことだな。うん。

橋下大阪市長《はしもとおおさか》のパフォーマンスへの人気は「嫌《いや》な傾向《けいこう》」

綾織　消費税の増税法案を通すために、「話し合い解散」をするのか、あるいは、どこかで「連立の組み替え」をするのか。

先ほど、財務大臣・安住さんの守護霊からは、「岡田克也《おかだかつや》首相を立てる」という話もありましたが、やはり、このあたりについても、ある程度、勝さんがレクチャーをされているというか、手取り足取り指導していらっしゃる状態なのでしょうか。

勝守護霊　いや、岡田がやるかどうかは分からないよ。次は安住が総理大臣かもしれないからね。もっと軽く、「行け行け！　ゴーゴー！」で、ＮＨＫに出演して頑張るかもしれない。

立木　まあ、「国民の人気がガタ落ちになる」のではないかと思いますが。

勝守護霊　いやあ、ＮＨＫは潰れるかもしれないけど、意外に人気が上がるかもしれないよ。

「マスコミ操縦」というのは、われわれの基本戦略に大きく入っているからねえ。マスコミは自分たちが人心を操作できることを喜びとしてるんだけど、国民の心も、今、ちょっと、難しゅうなってなあ。

マスコミが複数あるせいもあるんだろうけど、あなたと違う意味での「パフォーマンス」をするやつに、ちょっとやられる気《け》があるのでね。

今、大阪《おおさか》市で、「橋下《はしもと》パフォーマンス」とかやってるじゃん？　あれ、ちょっと嫌《いや》な傾向《けいこう》だよな。ああいう「トリックスター」みたいなのが出てきて、パフォーマンスをやられると、予想外のことが起きる場合もある。公務員の削減《さくげん》をやったり、いろいろしてるからなあ。ああいうもので人気を博してくると非常にやりにくくなるよね。

3 「共産主義国家完成」という理想

「納税の義務」を盾《たて》に「財産権」を認めない勝守護霊

綾織　ただ、橋下《はしもと》さんは「資産課税」ということもおっしゃっています。このへんについては、やはり、手を組むことも可能ですよね。

勝守護霊　いや、私はね、別に、「マルクスと友達」っちゅうわけじゃないけどさ、人間、死ぬときには、もう一円も残さず死んでいいと思うんだよな。

だから、あんたがたが頑張《がんば》れば、教団に寄付することになるし、あんたがたの力が足りなければ、財務省に〝寄付〟することになる。まあ、それだけのことだよ。

綾織　いいえ、税金と違《ちが》って、寄付には「自由意志」があります。

勝守護霊　いや、どっちかに寄付するんだよ。

綾織　いやいや、財務省は「勝手に取っていくだけ」ですので、それはやめていただきたいと思います。

立木　「政府が全部取る」となると、やはり、経済的自由が失われますのでね。

勝守護霊　いや、そんなことはないだろう。全部取れば、「チャンスの平等」が開けるじゃないか。「四民平等」で、みな、「ゼロからのスタート」なら、いいじゃないですか。

立木　いやいや、まあ、「政府が全部コントロールする」ということは、そのうち、「チャンスの平等」の部分も、コントロールされかねないということですね。

勝守護霊　まあ、それは、「政府罪悪説」だよな。でも、政府は、「選ばれたる選良」だからな。つまり、いい人たちが集まってるわけだから、「性善説」を持たなきゃ。

立木　いや、憲法自体、やはり、「政府の権力をしっかりウオッチして、きちんとコントロールしないといけない」という趣旨《しゅし》でできているわけですから、そんな「性善説」だけでは駄目《だめ》ですね。

勝守護霊　そんなことはないよ。

立木　あなたは、役人の立場でいらっしゃるので、しかたないとは思いますが。

勝守護霊　いやあ、口約束をしていても、人が替《か》わったら忘れることがあるから、成文法にして残しているだけのことでね。本来は、イギリスみたいに、成文法を残さずに慣習法だけでも構わないんだよ。

まあ、確かに、憲法の発祥《はっしょう》は、「国王の悪政や増税から国民の身を守る」っていう「マグナ・カルタ」が起源だから、それはそのとおりだ。

だけど、日本国憲法にはね、「国民を苦しめるような過大な増税はしてはならない」という条文が一つも入ってないんだよ。「国民には納税の義務がある」と書いてあるだけなんだよ。これは残念だったなあ。

立木　しかし、「財産権」は守られることになっています。

勝守護霊　残念だったな。アッハッハ。最高税率を憲法に盛らなかったのは、残念だったな。だから、それは自由裁量に任《まか》されてるわけだ。

「官僚《かんりょう》に任《まか》せたら財政赤字は起きない」というのは真実か

黒川　しかし、国会開設は、自由民権運動で、民の地租《ちそ》軽減を求めることから始まりました。

勝守護霊　何を言ってるんだ。国会ができたから、財政赤字ができてるんだ。

黒川　いいえ。国会には、「官僚《かんりょう》組織の肥大化」をコントロールしていく役割があるんです。

勝守護霊　国会が、財政赤字つくってるんだよ。私たちに任《まか》せたら、財政赤字は起きてませんよ。本当は、国会がなければ、財政赤字がなくなるんです。官僚だけでやったら、絶対に財政赤字は起きないですよ。

黒川　いえ、「大きな政府」になっていきます。

勝守護霊　国会議員の方が財務省に来たら、その人数だけ予算を持っていくから、「先生がた一人当たり、幾らあげなきゃいかん」っていう計算は出てくるんだよ。

綾織　もちろん、国会議員の数も減らすべきだと思いますよ。

「資産を少なく見せる」のは増税するための〝営業〟

綾織　ところで、今、財務省の出しているデータのなかで、二〇一〇年度から、財務諸表の数字を一部公表しなくなったものがあります。

つまり、政府の資産は六百五十兆円あり、借金は一千兆円とのことですが、今までは、「実質的な債務《さいむ》、借金は、三百兆円から三百五十兆円ぐらいしかない」というデータが出ていました。それを二〇一〇年度から隠《かく》したのは、勝さんの「頭のよい戦略」なのでしょうか。

勝守護霊　うーん。君、細かいなあ。

綾織　実質的に、借金が三百兆円ぐらいしかないということは、つまり、「財政危機」ではないわけですよね。

勝守護霊　うーん。実際には、それも嘘《うそ》なんだ。

綾織　このへんを指摘《してき》されると、ちょっと困ってしまうのではありませんか。

勝守護霊　うん、それも嘘なんだ、ほんとは。

綾織　はい？

勝守護霊　つまり、ほんとはね、国民は、みな、「私有地を持っている」と思ってるかもしれないけど、日本の国は、全部、「国有地」なんだよ。

本当は、持ってる土地は、「私有地」じゃなくて、「使用権」だけしか持ってない「国有地」なのよ。国民が持ってるのは「使用権」なのよ。本来、全部、国有地なのよ、実は。

黒川　それは「共産主義社会」ではありませんか。

勝守護霊　いや、もう、そうだよ。

黒川　中国と一緒《いっしょ》なんですか。

勝守護霊　あるのは「使用権」だけだよ。ほんとだ。使用権の売り買いをしてるだけなんだからな。これは、まあ、「地上権」でもなくて、ほんとは、せいぜい五十年ぐらいの、土地の「貸借権」だよな。

ほんとは、国民のうち、誰《だれ》一人として、土地なんか持ってはいない。実は、「使用権」を持ってるだけであって、全部、国有地なんだよ。だから、「全部が国有地」だと考えれば、ほんとは、国家は財政赤字ではない。ほんとは、財政赤字じゃなくて、「債権過大」です。

綾織　莫大《ばくだい》な資産があるわけですよね。

勝守護霊　だけど、それがないように見せることで、税収を上げられるわけだから、営業的には少なく見せなきゃいけないじゃないか。

綾織　このへんを指摘されることが、やはり、いちばん痛いところですか。

皇后《こうごう》の実家さえ財産を守れない日本は「完全に共産主義社会」

勝守護霊　ほんとは、日本国中、全部「国有地」だからさあ。財政赤字なんてありえないよ。

立木　それならば、増税はしなくてもいいですね。

勝守護霊　そんなことはないよ。ただ、国民が「私有地だ」と思ってる土地を売買することは、単なる「使用権」の売買であり、使用権売買の手数料を国がもらってるだけだ。

まあ、いざというときには、土地の強制収用ができることになってるから、実際上、私有地じゃないいんだよ。うん。

綾織　これは、もう、「消費税増税」など、まったく必要ないですね。

立木　必要ありません。

綾織　これだけの資産がありますと、「国としては、なんでもできる」ということになりますね。

勝守護霊　本当に私有地にするんだったら、売り払《はら》って恒久《こうきゅう》私有にするときに、また金が取れるからさ。でも、私有地じゃない。今は、「三代経《へ》れば、財産がゼロになる」というようになってるだろう。

つまり、それは私有地じゃないということだ。「正田《しょうだ》家でさえ、家がなくなる」っていうことは、「天皇家の維持《いじ》につながる皇后《こうごう》様の実家でさえ、財産が守れない」っていうことでしょう。

結局、日本は共産主義社会なんだ。知らないのは、君たちだけだよ。完全に共産主義社会で、中国より〝先進国〟なんだよ。

綾織　いいえ、憲法上、それは許されません。

黒川　憲法上、明らかに、「私有財産権」はございますので、その認識は間違っています。

勝守護霊　いや、そんなものは、「公共の福祉《ふくし》」のために服さなければならないのであって、公共の福祉の代表が、われわれ財務省なんだよ。

綾織　いやいや、国民の立場に立たないと、公共の福祉というものは成り立ちません。

黒川　要するに、あなたは、「国家社会主義」的な立場に立たれているということですね。

勝守護霊　いやあ、私たちは、もう最先端《さいせんたん》の未来共産主義社会の政府のはずだ。

綾織　未来共産主義を目指していらっしゃるわけですね。

「計画経済の国・日本に経済発展は要《い》らない」という本音

勝守護霊　もう、終わった。中国は日本を目指してるのよ。

黒川　「政治家をも下に見ている」ということですね。

勝守護霊　中国は、「十三億総中流」に持っていきたいんだ。つまり、日本みたいになりたいのよね。こんなに貧富の差が少なく、みんなが豊かに暮らすことができる。もう、理想のユートピア、共産社会が日本なんだよ。日本は、もう、すでに達成したんだ。

黒川　それでは、「中国や北朝鮮《きたちょうせん》が理想」ということですか。

勝守護霊　いや、違う違う違う。「日本が理想」なんだよ。

黒川　日本が理想ですか（笑）。

勝守護霊　彼らは日本を目指してるんだ。中国は、まだ貧富の差が激しい。下の層は、もっとすごい。日本には、〝こりゃこりゃ〟してる人は大勢いるし、乞食《こじき》でも糖尿病《とうにょうびょう》になったり新聞が読めたりするような社会だ。それほど、学校教育も普及《ふきゅう》していて、「高校まで〝ただ〟にしよう」という時代なんだからさ。

これは、もう、トマス・モアからマルクスまで頑張った、その最後の成果が、今、日本という国に、完全な「最終ユートピア」として結実したということだな。

だから、君たちが出てくる必要はなかったんだ。すでに「ユートピアは出現した」ので、ユートピアづくりなんて必要ないんだ。

立木　ただ、そのまま放っておきますと、経済成長率がどんどん下がっていって、貧しくなりますよね。

勝守護霊　いや、みんなが平等な暮らしができて、仲良く楽しく暮らせたら、別に経済発展なんか要《い》らないんだよ。

立木　財務省としては、「もう経済発展は要らない。経済成長しなくてよい」ということですか。

勝守護霊　経済発展なんていうのは、格差が開いて、嫉妬心《しっとしん》が膨《ふく》らむだけだから、ないほうがいいんだよ。

立木　はあ……。

綾織　そうすると、最終的には、北朝鮮と同じような社会になってしまいますが。

勝守護霊　それはそうだけど、北朝鮮は「日本化」すべきであって、日本が北朝鮮になるっちゅうわけじゃない。

綾織　いや、実際には、ああいう「配給制度」のような世界になってくると思いますが。

黒川　まだ、日本は「自由経済」ですけれども、これを「計画経済」に持っていきたいと？

勝守護霊　計画経済だよ。何言ってんの（会場笑）。とっくに「計画経済」だ。君、「税制」っていうことは、「計画経済」だっていうことが分からないの？

だから、三代で財産は一文無《いちもんな》しにする。「三代で一文無し」なら、現在すでにそうなってるんだけど、三代かかって一文無しになるものを、「一代で一文無し」にしようとしてるわけだから、「計画経済」が進もうとしてるんだ。

黒川　そうならないように、われわれ幸福実現党は、「自由からの繁栄《はんえい》」を目指しているわけです。

勝守護霊　いいじゃないか。君ねえ、宗教では、お布施《ふせ》で給料もらって、マンションでも買えたら、あとは、死ぬときに、それを全部返納して、あの世に還《かえ》ればいいわけよ。

経済成長させたサッチャーやレーガンは「悪人」？

立木　そういう極端な税制を導入して、イギリスは、「大英帝国《ていこく》」の地位から滑《すべ》り落ちました。経済的にも没落《ぼつらく》したわけですよね。

勝守護霊　それは違うよ。それは違う。

立木　その後、サッチャーさんが出てくるまで、イギリスは大変だったといいます。

勝守護霊　要するに、人材が枯渇《こかつ》しただけのことなんや。人材がいなくなったんだよ。でも、日本には、まだ人材がいるんだよ。大丈夫《だいじょうぶ》だよ。

立木　やはり、サッチャーさんの改革によって、イギリスは少し回復したのです。

勝守護霊　いや、教育費を削《けず》ったために、イギリスに優秀《ゆうしゅう》な人がいなくなってしまった。サッチャーのおかげで、イギリスは、もう一段深い闇のなかに沈《しず》もうとしてるんだ。

立木　そうは言っても、九〇年代以降、日本よりもイギリスのほうが経済成長率が高かったわけですからね。

勝守護霊　だから、サッチャーは、その反作用を受けて、今、脳軟化症《のうなんかしょう》になって、ボケて、ほんとに苦しんでる。レーガンも、苦しんで逝《い》ったけどさ。おんなじだ。そういう悪いことをした人は、みんな、最後に脳がいかれることになってるんだ。

綾織　サッチャーさんもレーガンさんも、立派な方々だと思いますよ。

今、あなたは、日本に、そういう「共産主義国家」を完成されようとしているところだと思うのですが。

勝守護霊　もう、ほぼ完成してるよ。

4 「政権交代」に込《こ》められた意図

「税を絡《から》めて脅《おど》せない政治家はいない」と嘯《うそぶ》く勝守護霊

綾織　ところで、今の政治家のなかで、「この人は嫌《いや》だな」と思う人は、どなたでしょうか。小沢《おざわ》さんなどは、今、「増税反対」ということで、頑張《がんば》ろうとされていますが。

勝守護霊　まあ、小沢は、もう、〝終わってる〟よ。

綾織　終わっていますか。

勝守護霊　うん。もう終わってるから、本人に何の力もない。今はただ、「ゴネるだけが仕事」で、すでに政治生命は終わってるんじゃないか。

あれは、要領の悪い男だよ。な？　総理になるチャンスは何度もあったのに、そのたびに逃《のが》してるから、要領が悪いわな。

黒川　ただ、この前、「財務省の上層部が、東京国税局の資料調査課に、小沢一郎《いちろう》調査班を発足《ほっそく》させるよう、指示を出した」と報道されておりました。

勝守護霊　まあ、ただの嫌がらせだからさ。

黒川　ええ。小沢さんが増税反対……。

勝守護霊　あんなの、まあ、「四億円ぐらいの家に資金を流用したかしないか」とかさあ、ほんとは、どうでもいいことなんだけど、ああやって牽制《けんせい》して、「増税潰《つぶ》し」をやらせないようにしてるだけのことだからさ。俺《おれ》たちは、ほんとはどうでもいいんだよ。

君、法律なんてのはね、「結果が一緒《いっしょ》だ」と思ったら、大間違《おおまちが》いだよ。法律なんてのは、解釈《かいしゃく》でどうにでもなるんだからね。裁判官に訊《き》いてみろよ。みんなそうだよ。殺人事件でも、有罪と無罪がゴロゴロ変わるぐらいですから、ましてや、経済事案なんて、もう解釈によって、どうにだってなるんだからさ。

それは、強い意志を見せれば、そのとおりになるんであってね。ま、それだけのことだよ。

だから、小沢をちょっと黙《だま》らすためにやってるだけで、長くいびってるだけなんだ。

黒川　なるほど。これまでにも、政治家を黙らせるために、例えば、中川昭一《なかがわしょういち》元財務大臣の酩酊《めいてい》会見や、公務員改革をやろうとした安倍晋三《あべしんぞう》元首相の、相続税の脱税疑惑《だつぜいぎわく》なども出てきましたけれども……。

勝守護霊　税を絡《から》めて脅《おど》せない政治家なんか、いるわけがないよ。みんな、政治献金《けんきん》を集めてるからさ。丼勘定《どんぶりかんじょう》で、いろんなことをやってるのよ。

だから、とっくの昔から、いろんな〝尻尾《しっぽ》〟をつかんでるので、「いつ、その尻尾をつかんで引きずり出して、ネズミを捕《つか》まえるか」だけだからな。

綾織　つまり、中川昭一さんや安倍さんの場合、「追い落とした」ということですね。

勝守護霊　いや、私だけの責任じゃないよ。それは違うんじゃないか。自殺したり、病気したりするのは本人の勝手だからね。

綾織　いやいや、中川さんが亡《な》くなったのはそのあとですから、関係ないとは思うんですけども、財務大臣だったときに、「ちょっとだけ手を回したかなあ」という感じですか。

勝守護霊　そらあ、「追い落とした」っていう言われ方は、ちょっとね。まあ、中川のように、「自分は経済を知ってる」というような顔をしてるやつは、ちょっと気に食わない。俺らから見りゃあ、意見を言うからさ。ちょっと、うるせーでな。

綾織　それで、「意見を言わない安住さん」を財務大臣に据《す》えたわけですね。

勝守護霊　ほんとは分かってないんだろうけど、半可通《はんかつう》というか、生半可な知識で、偉《えら》そうに横槍《よこやり》を入れてくるんだけどさ。「ちょっと銀行に勤めたぐらいで、経済なんて分かると思ってんのか」って言いたいよな。銀行っていうのは大蔵省《おおくらしょう》、いや、財務省の下請《したう》けなんだからさ。

綾織　なるほど。

狂《くる》い始めた「民主党政権に増税させる」という基本戦略

黒川　麻生《あそう》さんは、首相当時、「三年後に消費税増税をする」と言っていましたが、民主党に政権交代をさせた裏でも、あなたはご活躍《かつやく》されたことと思います。その意図は何だったのでしょうか。

勝守護霊　だからね、自民党政権では増税はできないんだよ。マスコミが、ずーっと攻撃《こうげき》を続けてきていたから、自民党ではもう増税はできないけど、マスコミは民主党を左翼《さよく》だと思っているからね。マスコミは基本的に左翼の立場でなきゃ記事が書けないからさ。

だから、民主党政権に替《か》えたらマスコミが大喜びするのは分かってるじゃん。大喜びしたあと、民主党政権が増税案を出してきたとき、急に手のひらを返したように叩《たた》こうとしても、なんか、みんなの記憶《きおく》がまだ冷《さ》めてないから叩けないじゃないか。

だから、「民主党政権にして、増税をやらそう」というのが基本戦略で、このへんは、財務省が書いたシナリオどおりに進んでるわな。われらは頭がいいからね。

綾織　でも、うまくいっていますか。

勝守護霊　いや、うまくいく予定だったところが、何かね、防衛問題でちょっと躓《つまず》いたのと、大震災《だいしんさい》が起きたのと、うーん、ちょっと、なんか、うるさいのが少し出てきてるのと、まあ、いろいろあるなあ。

あと、アメリカがさ、オバマが、とうとう、苦し紛《まぎ》れに減税を打ったじゃないか。もう、「とにかく当選さえすればいい」というので、赤字なのに減税を打ったからさ。バーナンキが二パーセントのインフレ目標を出したあとに、日銀も一パーセントの目標を出したので、「アメリカが減税路線なのに、なんで日本は増税なんですか」って、ここを攻《せ》めてこられたら苦しいね。実は、この三月で、いちばん苦しいのは、ここなんだ。

ここんところに猛攻《もうこう》をかけられたら終わりだけど、幸いなことに、野田さんも安住さんも、それから谷垣《たにがき》さんも、みんな、財務大臣のときに、ちゃんと洗脳を受けた仲で、まあ、野党も与党《よとう》も仲間みたいなものなんで、何とか、そのへんをごまかせて、うまく行くんじゃないかなあと思う。

綾織　ただ、このまま行きますと、民主党をコントロールしながら増税をやろうとしても、たぶん、失敗してしまうと思うんですよ。

勝守護霊　いや、最後は、野田のクビと引き換《か》えに増税法案を通せたら十分だよ。俺たちは、野田には、そんなに執着《しゅうちゃく》してないからさ。野田の代わりなんか、いくらでもいるのでね。

野田が、もう、ほんとに、自分が井伊直弼《いいなおすけ》になったつもりでクビを差し出し、そして、維新《いしん》の志士、十何人かに討たれ、死んでくれればいい。それで増税法案が通るんでしたら、別に、彼のクビぐらい、私らは、全然、惜《お》しくもなんともない。

綾織　それは、「民主党を利用し尽《つ》くして、駒《こま》になってもらう」ということですね。

5 「宗教弾圧《だんあつ》」への強い意欲

宗教法人課税に向けてマスコミを焚《た》きつけているのは事実

勝守護霊　むしろ、僕《ぼく》はね、君たちのことを心配してるんだよ。せっかく、いい宗教ができてね、発展を目指して、宗教界を浄化《じょうか》し、ここまで大きくなってきたのにさあ。東大から、とうとう宗教界にまで制覇《せいは》が始まって、私たちも、「もっと大きくなってほしいなあ」と願っているときにさ、変なところで、脱税《だつぜい》とか、いろんな問題をつかまれてね、君たちの宗教が、傾《かたむ》いたり、潰《つぶ》れたり、急に信者が離《はな》れたりするようなことになると、ほんと気の毒でさあ。

綾織　われわれは、脱税などは一切《いっさい》していません。

勝守護霊　黙《だま》ってさえいりゃあいいのに、立木が、ちょっと知性派ぶって、いろんなことを言うので、これは危険なんじゃないか。

立木　宗教法人課税の話では、やはりマスコミを焚《た》きつけているんですね。

勝守護霊　当然、焚きつけてるよ。それはさ、中川昭一《なかがわしょういち》と一緒《いっしょ》で、ちょっと生意気なのよ。宗教にしちゃあ余計なことを言うからね。

綾織　あなたは、幸福の科学と、さらには創価学会も狙《ねら》っているのですか。

勝守護霊　創価学会は、別に、もう狙ってない。もう体制のなかに入ってしまっているので、創価学会は自由に操縦できるんだ。すでに彼らには主体性はないので、「自分たちの力で何かをする」っていう考えはない。

綾織　でも、宗教法人課税ということになると、創価学会も当会と同じように考えるのではありませんか。

勝守護霊　創価学会は池田を守ることだけしか考えてないから、それはいいんだけど、大川は、ちょっと意見を言うし、立木には、中川昭一みたいに自殺してもらわなきゃいかんからさ。このままで行くとね、「何月何日のＸ《エックス》デーに、立木がホテルのどこそこで首を吊《つ》る」っていう計画まで立てるから、俺《おれ》たちは。

立木　こちらは、野田内閣退陣《たいじん》のＸデーを、しっかりと考えています。

勝守護霊　野田が駄目《だめ》になっても、俺たちにとっては、痛くも痒《かゆ》くもないもん。

立木　私たちは、消費税増税撤回《てっかい》に追い込《こ》むことを考えているわけです。

勝守護霊　野田の代わりは、いくらでもいる。自民党だって、民主党だって、基本的には、どうせ増税路線で一緒なんだからさ。

立木　いや、それは絶対に阻止《そし》します。

勝守護霊　あ、そう。

「宗教の聖なる活動」を世俗《せぞく》的にしか見られない勝守護霊

綾織　宗教法人課税については、どのくらい真剣《しんけん》に考えていますか。

勝守護霊　まあ、課税ったってさあ、はっきり言って、弱小宗教法人には、ほとんど金はないし、昔からの伝統的な宗教、鎌倉《かまくら》時代からあるような宗教なんて、みんな、トントンというか、赤字に近いようなところばっかりだ。要するに、学校の先生をしながら、お寺の住職をやってるような者たちだから、税金を取れるような相手じゃないよ。

資産税とかをかけたら、たちまち、お寺がどんどん潰れていくだけで、宗教弾圧《だんあつ》になるのが分かってるので、それはできない。

あと、一九八〇年以降に、あんたがたと同じように起きた宗教はいっぱいあるけど、もう潰れたところもすでにあるしね。だから、幸福の科学がさあ、二十五、六年で大きくなったっていうのは、ほかの宗教と比べて、明らかに、ある意味では勤勉だったと私は思うよ。だから、それは差があると思うよ。

ほかに、戦前の新興宗教、新宗教で、大教団というのが、今、幾《いく》つかあるけどさあ、どこも信者数は減ってるし、どこも、お布施《ふせ》っていうか、予算は減ってるよ。

だけど、幸福の科学が建物をいっぱい建てていて、羽振《はぶ》りがいいように見えるから、宗教界全体が儲《もう》かってるような幻想《げんそう》をつくり出し、今、マスコミを通じて宗教法人課税を言わせているところだ。

「税金を払《はら》っとらん悪いやつがおるぞ」という方向に考えを持っていき、「税金を払ってない悪いやつがいるから、増税ということになるんだ」っていうふうに、今、持っていこうとしているんだ。

実際には、あんたがただけが勤勉だと思うよ、私は。宗教にしては、よう働いてると思うよ。

私たちが同じように勤勉に働くと、税金をせっせと取って歩くようになるんだよ。うん。

綾織　当会について、「お金がある」とか、「羽振りがいい」とかいう見方自体が間違《まちが》いです。私たちは、世界宗教を目指して宗教活動を行《おこな》っているわけなので、その認識自体が間違っていますよ。

勝守護霊　君、勘違《かんちが》いしちゃいけないよ。勘違いしちゃいけない。私はねえ、大川隆法のファンなんですよ。あんたがたの本は読んでるんですよ。だから、応援《おうえん》する気はあるんだよ。

綾織　それは、ありがたいことです。

立木　ぜひ、その教えに従っていただければ……。

勝守護霊　応援する気は十分にある。だから、急にねえ、一政党のために、増税反対運動なんか、するんじゃないって。

政党のほうは、店を閉めちゃいなさい。そうしたら、宗教のほうは、ものすごく大きくなるからさ。

綾織　尊敬していただいているのであれば、よく認識していただきたいのですが、大川隆法総裁は、神降ろしを行う、本当に聖なる存在ですので……。

勝守護霊　それについては、今、私が降りてるから、分かるよ。

綾織　「宗教法人に課税する」ということは、その聖なる部分に国税庁の穢《けが》れが入ってしまうことになり、宗教自体が成り立たなくなってしまうんです。

勝守護霊　まあ、だけど、国税庁とか財務省とか、そういうところはだね、宗教の善悪を判断する立場にないからさ。そういう権限はないのでね。

綾織　いえいえ、それは憲法でも保障されております。

勝守護霊　うん？

立木　宗教の善悪も判断できないのでしたら、税金をかけないでください。

勝守護霊　うーん。だけど、実際上、ほんとは悪い宗教が多いんだろ？

立木　悪い宗教は個別に取り締《し》まればいいんです。

勝守護霊　国民の心証としては、「悪い宗教が多いのに、税金もかかっとらんのか」ということだな。潰れていく中小企業《きぎょう》や零細《れいさい》企業の人たちは、そういう宗教に対してやっぱり、「不当だ」という思いを持ってるわけよ。

立木　幸福の科学が広がれば、そういう問題はなくなりますから、応援してください。

勝守護霊　いやいや、そういうところから税金を取れないと……。

黒川　今、質《しつ》の悪い宗教は、潰れていきつつあります。

勝守護霊　いやあ……。

黒川　自由競争社会ですから。

「大川総裁の同世代が事務次官になればやられてしまう」という危機感

勝守護霊　今、創価学会については、ほぼ全容をつかんでるし、あそこは、もう池田を守るだけの仕事をしていて、その仕事ももうすぐ終わるんだろうから、宗教法人課税ったって、それは「幸福の科学課税」なんだよ。

はっきり言やあ、「幸福の科学に課税して、その進撃《しんげき》を止《と》めろ」という声が、マスコミ界や他の宗教からも出てるわけ。「幸福の科学の進撃を止めろ」とね。

この不況期《ふきょうき》に、精舎《しょうじゃ》をいっぱい建て、海外伝道もいっぱいやり、広告を盛大に打ってマスコミを洗脳している。さらに、学園はつくるし、大学はつくるし、政党はつくるしで、もう、銭金《ぜにかね》が渦巻《うずま》いてるから、「とにかく、一罰百戒《いちばつひゃっかい》で、『宗教ってのは、おとなしく、貧乏《びんぼう》そうにやらなきゃいけないんだ』っていうことを教育してやる必要がある」という声が、宗教界からも出てるし、マスコミ界からも出てるんでね。

立木　それは嫉妬《しっと》ですよね。

勝守護霊　ん？

立木　嫉妬ですよね。

綾織　財務省の立場として、幸福実現党を応援していただけるのであれば……。

勝守護霊　いや、幸福実現党は応援してない。

綾織　幸福実現党が主張する政策が実現すれば、国の税収が何倍にもなって、あなたがたの仕事が、いくらでも進むのに……。

勝守護霊　幸福の科学のほうを応援したいと思ってるから、幸福実現党には、もう、マンモスみたいに永久凍土《とうど》のなかに眠《ねむ》っていただきたい。

立木　いえいえ。

綾織　財務官僚《かんりょう》としては、ものすごく仕事ができるような状態になりますので、ぜひ、幸福実現党の政策の中身をよく勉強していただいて……。

勝守護霊　そんなことはないよ。これが広がるとね、本来、税金をもっと取れるところから、宗教のほうに、金が、マネーが還元《かんげん》し始めるんだよ。

立木　やはり、税金を安くするのが政治の仕事ですから。

勝守護霊　そうは言ったってね、相続税の取り合いのところではバッティングしてんだからさ。教団に寄付されてしまったら、相続税を取れなくなるのよ。

綾織　いやいや、結果的に経済が成長して税収が上がりますので、そのへんをよくご認識いただければと思います。

立木　私は相続税をゼロにしようと思っています。

勝守護霊　まあねえ、君、わしは大川よりちょっと年上だから、何とかギリギリもってるけど、大川の同世代が事務次官になったときには、彼にやられてしまうからさ、困るんだよなあ。私の代で何とか勝負をつけないといけない。私の代は、彼の先輩《せんぱい》だから、何とか勝負をつけられると思うんだけど、次の代は、ちょっとまずいんだよ。

綾織　はい。だんだん不利になっていくと思います。

6 勝事務次官の「過去世《かこぜ》」と「霊的本質《れいてき》」

安政《あんせい》の大獄《たいごく》の「井伊直弼《いいなおすけ》」が勝事務次官の過去世《かこぜ》

黒川　そろそろお時間なので……。

綾織　最後に、宗教的な立場からの質問をさせていただきます。先ほど、井伊直弼《いいなおすけ》という名前も出ていましたが……。

勝守護霊　ほう、ほう、ほう。

綾織　あなたと何か関係がありますか。

勝守護霊　私？

綾織　はい。

勝守護霊　私は「勝海舟《かつかいしゅう》の子孫《しそん》」ってことになってんだよ。

綾織　もしかしたら、「その逆の立場にいた」ということはありませんか。

黒川　お話を聴《き》いていると、「安政《あんせい》の大獄《たいごく》」のような情景が非常に見えてくるのですけれども。

勝守護霊　ばれたか。ばれたか。

綾織　そのころに、だいぶ〝活躍《かつやく》〟されましたか。

勝守護霊　俺《おれ》、井伊直弼なんだよ、実は。

綾織　おお、それは……。

勝守護霊　ばれたか。だから、おまえらの仲間をいっぱい殺してんだよ、実は。怖《こわ》がったほうがいいよ。もう、バッサバッサ……。

黒川　「志士を殺してきた」と?

勝守護霊　次々と取っ捕《つか》まえては、もう……。

立木　それでは、「最後には首を討《う》たれる」ということですね（会場笑）。

勝守護霊　ああ、そうか。

黒川　「桜田門外の変」と同様に。

勝守護霊　その前に、君たちの大部分、こういう、（会場の聴衆《ちょうしゅう》に）前に座ってる意地の悪いやつらは（会場笑）、みな捕まって、牢屋《ろうや》に放り込《こ》まれ、〝惨殺《ざんさつ》〟されたあと、最後に私がそのクビを切る。

　私がクビを切られるってことはない。「ほかんとこに天下《あまくだ》って、退職金をいっぱいもらう」っていうだけのことだから、どうってことないよ。

綾織　「最終的に私たちが勝つ」ということが、よく分かりました。

勝守護霊　名前は「勝」だから、私が勝つから……。

綾織　いえいえ。

立木　「あなたが負ける」ということです。

綾織　あなたがたが負けの流れに入っていることが、とってもよく分かりました。

幸福の科学に対しては、「今、〝安政《あんせい》の大獄《たいごく》〟をやるしかない」

勝守護霊　とにかく、大川隆法っていうのは……、いや、私も複雑なのよ。私は先輩《せんぱい》であるしね、「東大法学部から宗教界を制圧した人が出た」っていうのは、やっぱり、気持ちとしてはうれしいのよ。ちょっとうれしい気持ちがあるし、著書も出して世界的にも有名になってきてるから、応援《おうえん》したい気持ちもあるんだけども、やっぱり宗教に対する不公平税制っていう声も、公平な気持ちで聞かなければならないのでね。

綾織　いやいや、不公平ということではなく、宗教に対しては、そもそも税金をかけてはいけないんです。

勝守護霊　だから、そのへんについては、「幸福実現党のほうが、少ーし活動を停止してくれれば、見逃《みのが》してやってもいい」って、今、交渉《こうしょう》してるんだよ。

立木　そういう交渉はありえないですね。

勝守護霊　なんでだよ。

立木　それは成り立たないですよ。

勝守護霊　金が余ってるから政党活動をしてるんでしょ？　マスコミに何回叩《たた》かれてるの？「十一億円も供託金《きょうたくきん》を没収《ぼっしゅう》された」って、何回叩かれてるのさ。

立木　いえいえ、そうではありません。

黒川　私たちは、公益のために政党活動をしているんです。

勝守護霊　公益……。

黒川　公益活動の一環《いっかん》、世直しの一環であって、教団のためにやっているわけではありません。私たちは、日本のため、世界のために活動しております。

勝守護霊　それは政治家がやればいいことだよ。

立木　その政治家が駄目《だめ》だから、われわれがやろうとしているんですよ。

勝守護霊　ふうん。

綾織　財務省のなかにも、われわれを応援してくれる方々がたくさんいますので、クビを切られないように注意をしていただければと思います。

勝守護霊　いや、いるよ。だから、私が頑張《がんば》らないといけない。局長レベルだと〝洗脳〟される恐《おそ》れがあるんだ。

　大川隆法にやられるから、私が頑張らないと……。

綾織　あなたの立場が非常に危なくなっていると思いますので。

勝守護霊　今、今、今、幸福の科学を、潰《つぶ》すんじゃなくても、少なくとも、この勢いを抑《おさ》え込まないといけない。要するに、大本教《おおもときょう》の弾圧《だんあつ》みたいに、もう二度と立ち上がれないぐらいまで弱らせておかないと、今の局長らが次の代の次官になった段階では、幸福の科学を潰せないのでね。たぶん、全部、やられるから、今、私がやらないと駄目なのよ。〝安政《あんせい》の大獄《たいごく》〟を、今、やるしかないんだ。

立木は、どこのホテルで首吊《つ》るの？

立木　（苦笑）

勝守護霊　いや、ホテルが嫌《いや》がるからさ。そのあと、部屋が使えなくなるから、早めにホテルを決めてよ。

立木　いえいえいえ。

勝守護霊　どこで逝《い》ってもらうか。え？　どこで逝く？　うん？

立木　私たちは消費税増税法案を葬《ほうむ》り去りますので、期待していてください。

黒川　そろそろお時間になりましたので、今世《こんぜ》は、過去世《かこぜ》と同じ間違《まちが》いを犯《おか》さないようにしていただきたいと思います。

勝守護霊　井伊直弼は有能な人だった。

立木　改心してくださいよ。

黒川　改心していただかないと、同じ運命になっていきますのでね。

勝守護霊　彼を暗殺しなかったら、日本は、もう、ほんとに鎖国《さこく》時代が……、いやあ、幕府の時代が続いただろうなあ。

立木　それで、日本は植民地になったわけですね。

勝守護霊　何か、クロムウェルの革命みたいに、ほんと血なまぐさかったね。明治維《い》新《しん》が無血革命だなんて嘘《うそ》だよ。ちゃんと首が飛んだり、血が流れてたりしてるからさ。私がいたら、西郷《さいごう》なんてひねり潰してたんだがねえ。

綾織　いえいえ。「今回も同じ運命なのかな」と思いますので、ちょっと気をつけていただければと思います。

あくまでも幸福の科学を恫喝《どうかつ》する勝守護霊

勝守護霊　君ね、早稲田《わせだ》の先輩を守らなきゃいけないな。総理大臣をやってるんだからね。早稲田の政経で総理大臣をするっていうのは、けっこう大変なことなんだからさ。財務官僚《かんりょう》たちを部下にすることも大変だったんだから、その先輩の苦労を労《ねぎら》って、支援しなさい。

黒川　いえ、先ほど申し上げましたように、野田さんも、安住さんも、もう早稲田の精神を失っておられますのでね。

勝守護霊　もう民主党を応援することに切り替《か》えればいいよ。そうしたら、君たちも入閣できる可能性があるからさ。

綾織　民主党は、今、ちょっとうまくいかなくなっていますよね。戦略を変えられたほうがいいかもしれません。それだけをお伝えしておきます。

今日は、お忙《いそが》しいところ、本当にありがとうございました。

黒川　勝海舟先生の「正心誠意」ということをモットーにしていただければと思います。今日は、ありがとうございました。

勝守護霊　ん？　まあ、しょうがないわ。ちょっと、何か物足りないけどなあ。わしは、いいことをしてるんだがなあ。

いや、税金かけるよ、ほんとに。いいの？　いいの？　これ、本出したら、税金かけるよ。いいの？

黒川　われわれは戦います。

勝守護霊　いいの？　いいの？

黒川　そういう脅《おど》しには屈《くっ》しません。

綾織　今年は、やはり何かを計画されていますか。

勝守護霊　やるよ。ほんとにやるよ。やるよ。

今、狙《ねら》ってるのが幾《いく》つかあるからさ。やるよ。やるよ。やるよ。やるよ。

綾織　それをやると、世界中で笑い者になります。

勝守護霊　き、き、き、き、君、君、君……。君んとこ、君んとこのね……。

綾織　宗教に課税している国などありません。

勝守護霊　君の銀行口座の出入りだって、全部調べてんだからさ。

綾織　ご勝手にどうぞ。

勝守護霊　もう、とっくにつかんでるんだからさ。立木党首なんか、もう裸《はだか》にされて、お尻《しり》の毛の一本まで数えられてるんだからさ。

立木　いや、私は全然……。

勝守護霊　ええ？　ネタは上がってんだからさ、もう。

立木　私は何も変なことはやっていませんので、大丈夫《だいじょうぶ》です。まったく問題はございません。

勝守護霊　君らは、もうマークされてるんだよ。

黒川　今世、安政の大獄以上に汚名《おめい》を遺《のこ》すことになりますので、改心していただければと思います。

勝守護霊　外国にだけスパイがいて、日本にいないと思ったら大間違いなんだからね。財務省、国税庁関連にも、宗教Gメンみたいなのが大勢いて、とっくの昔から探索《たんさく》し続けてるんだ。公安警察のほうも、幸福の科学班が、二十年以上、ずーっと見張っているんだからな。

警察だって、「予算を削《けず》る」と言われたら、幸福の科学を捜査《そうさ》に入るんだからね。分かってるのか。

綾織　国税庁の方に、幸福の科学とのこれまでの経緯《けいい》についてレクチャーをしてもらい、「そんな簡単なものではない」ということを認識していただければと思います。

立木　そうですね。

勝守護霊　警察はね、「予算を削る」って言ったら、すぐ降伏《こうふく》するよ。簡単なんだよ。ピストルを撃《う》ったら向こうが強いけどさ。ピストルを撃たれる前に予算を削れば、もう、警察はすぐ降伏するからね。あなたがたを「何人かしょっぴいてくれ」って頼《たの》んだら、すぐだよ。もう、すぐだ。

立木　それは宗教弾圧ですよ。宗教弾圧をやるということですね。

勝守護霊　もちろん宗教弾圧ですよ。

そのくらいやらないと、この改革は乗り切れませんよ。

立木　いや、改革ではなくて、これは堕落《だらく》の方向ですよ。

勝守護霊　君たちは、維新の浪士《ろうし》程度なんだからさ、ほんとに。

立木　それが幕府を引っ繰《く》り返すわけですからね。

勝守護霊の霊的本質は「大貧乏神《びんぼうがみ》」

綾織　ところで、あなたは、「大魔王《まおう》」と呼ばれているそうですが、そのあたりとの関係はありますか。

勝守護霊　大魔王？

綾織「財務省の大魔王」と言われているようですが。

勝守護霊　それは間違いだ。天皇でしょう。

綾織　天皇ですか。

勝守護霊　うん。

綾織　地獄の勢力からの影響《えいきょう》というか、何か話をされたりはしていますか。

勝守護霊　私はもう、「日本をよくしたい」という心でいっぱいだし、君たちと同じで、よく宗教的真理を知ってて、「あの世には一円も持って還《かえ》れない」っていうことを、仕事上、主張し続けてるわけだから、ほんとに君たちの仲間なんだよ。

黒川　ただ、あなたの後輩で元財務官僚の髙橋洋一《たかはしよういち》さんは、あなたのことを、「霞《かすみ》が関《せき》の大魔王《だいまおう》」と呼んでいます。

勝守護霊　あれはね、破廉恥《はれんち》男だよ。破廉恥男なんだからさ。

ああいうのを、破廉恥男で捕まえられるぐらいの情報機能を財務省は持っているんだ。ＣＩＡ機能があるってことを、よく知ったほうがいい。

綾織　はいはい。手を回して、そういうこともやられたわけですね。

勝守護霊　だから、もうすぐ立木君が、電車のなかで「お尻を触《さわ》った」っていうことで逮捕《たいほ》されるからさ、気をつけたほうがいいよ。

黒川　そういうレベルの低いことをすることはありませんので。

勝守護霊　簡単なんだよ。婦人警官を使ってやれば終わりなんだからさ。向こうから立木君の下半身を触れば、それで終わりなんだ。「やられた」って思ったとき、騒《さわ》げばそれで終わりなんだからさ。君ね、捕まるよ。

立木　気をつけます。ご教示いただきましてありがとうございます。

勝守護霊　これの発刊後、一週間でやれるからね。

立木　ああ、そうですか。

綾織　悪魔といわれる方から、アドバイスのようなものを受けることはありますか。

勝守護霊　あく……、悪魔はそんなにお金に詳《くわ》しくないんじゃないかな。

綾織　お金に詳しい悪魔も、いることはいます。

勝守護霊　あ、そうか。いるか。いるな。いることはいるな。

綾織　はい。ものすごく強欲《ごうよく》な悪魔がいます。

勝守護霊　まあ、悪魔とは言わんが、あんたがたに貧乏神《びんぼうがみ》と言われているものは、確かに霞が関へんにもウロウロしてはいるけどね。私がいるかぎり、貧乏神になんか負けはしないよ。

立木　あなたは貧乏神ではないんですか。

勝守護霊　私は貧乏神じゃありません。私は大貧乏神ですから（会場笑）。

立木　「大」が付くんですね。

勝守護霊　絶対に負けません。貧乏神には絶対に負けません。私は大貧乏神ですから。

綾織　勝事務次官の実体が、非常によく分かりました。ありがとうございました。

黒川　悪徳役人の姿を本当によく見せていただきました。

7　本当の公益活動とは何か

大川隆法　（勝栄二郎守護霊に）はい、ありがとうございました。

よく頑張《がんば》りましたね。頑張って、だいぶ引き出せたほうでしょうか。これを本にして出したら、いちおう少しは〝意地悪〟になるかもしれません。

当会の学生部が、日銀だけでやめておけばいいのに、財務省の前で、一生懸命《いっしょうけんめい》、幸福実現党のニュースを撒《ま》きまくっているので、財務省は、「次は自分たちがやられる」と思って用心し、警戒《けいかい》に入っているようです。まあ、気の毒ですね。

昨日《きのう》は、学生局の人たちが、日銀の前で、朝の出勤時に、『日銀総裁とのスピリチュアル対話』を献本《けんぽん》したのだそうですが、十分間で百四十冊がなくなってしまって、驚《おどろ》いたとのことです（会場笑）。日銀職員が、見ない振《ふ》りをしながら、バッと持っていくので、十分でなくなってしまったということでしたが、次は、財務省がそういうことになるわけですね。

私も、彼らの「脅《おど》しのテクニック」は分かっていますが、当会はかなり根を張っていますので、当会を弾圧《だんあつ》するのは、それほど簡単ではないと思います。言論がものすごく強いので、簡単ではないのです。

それに、数年前まで、財務省のなかに書店があって、私の本を売っていたようなので、みな、けっこう読んでいるんですよ。だから、こちらの〝洗脳〟も少し入ってはいるのです。

日銀にしても、必ずしも敵というわけではありません。日銀総裁をいじめたように見えたかもしれませんが、当会の政策を受け入れて、そのとおりにやったら、株価が一万円近くまで上がって、持ち直してきたわけです。

最近、大手半導体メーカーが倒産《とうさん》しました。大手の倒産が出始めた時期なので、今は景気回復の方向に舵《かじ》を切らなければいけないときです。大恐慌《だいきょうこう》に突入《とつにゅう》する危険のある段階なので、もう少し早くてもよかったと思います。

日銀総裁の守護霊にインタヴューをした段階で、「分かった。そのとおりにする」と言って、一月の最初に金融緩和《きんゆうかんわ》に踏《ふ》み切っていれば、その会社も倒産しなかったかもしれません。やはり、後手後手になると倒産の危険性が高まるので、そういう意味でも、私たちは日本の景気を救っているわけです。

また、急落した野田内閣の支持率を、ある意味では、当会が支えてあげているという面もあります。「幸福の科学の言ったとおりにすれば景気がよくなる」ということで、驚いている状態ですからね。

どうか、信心《しんじん》するなら、「百パーセントの信心」をお願いしたいと思います。「五十パーセントの信心」では意味をなさないので、「百パーセントの信心」をしていただきたいのです。

日銀だけを責めるのは、やはりフェアではないので、今回は、「フェアネスの精神で、財務省についても意見を申し上げた」ということです。

財務省は、国家全部を見ているつもりでいるのかもしれませんが、残念ながら、まだまだセクショナリズムの狭《せま》い目で見ておられるように思います。「宗教は、人を救うために活動しているのであって、決して人を苦しめるために活動しているわけではない」ということを知ってほしいと思います。

別に、ボランティア活動のようなことだけが、公益活動なのではありません。そういうことは、「この世の人に分かるように見せたい」と思っているところがやっているだけであって、宗教としての本当の公益活動は、「思想によって、人間の考え方を変えさせること」であるわけです。

勝事務次官の守護霊は、「お金は、死んであの世には持って還《かえ》れない」などと言っていましたが、それは財務省も同じです。いくら税金を取っても、あの世には持って還れませんし、多くの人に恨《うら》まれると、下のほう、つまり地獄《じごく》に行くこともあります。それを救い上げるのは宗教の仕事ですから、宗教には恩を売っておいたほうがいいと思います。そういうことを申し上げておきたいですね。

まあ、宗教について、生半可に、中途半端《ちゅうとはんぱ》な勉強をすると、誤解する恐《おそ》れがあるので、勉強するなら徹底的《てっていてき》になされたほうがよいと思います。

彼の守護霊も言っていたように、幸福の科学の場合、決して、「税率が低い」ために、あるいは「税金がかからない」ために、金回りがよくて活動が活発化しているわけではありません。当会は、「使命感」と「熱心さ」を持って活動しているからこそ、今、これだけ教えが広がっているのです。「ほかの宗教には、これほどの熱意もなければ、使命感もないのだ」ということを知っていただきたいと思います。

私たちは、「この国を神の国に戻《もど》したい」という使命感を持って活動しているので、何とか成仏《じょうぶつ》してくださるよう、お願いしたいと思います。

あとがき

アメリカのオバマ大統領はふたごの赤字で国家が苦しむ中、先月、最高税率を35%から28%に引き下げることを発表した。その前にはバーナンキ米連銀議長が2%のインフレターゲット目標と資金供給の増大を発表した。すべて幸福実現党が従来から主張している方向である。

まず増税ありきではないのだ。経済発展あってこその税収増なのである。役所は、自然とセクショナリズムとなり、自己中心的になっていく。顧客なるものは、すでに囲い込んでおり、逃げようがないと思い込んでいるからだ。そうして国際競争力を落としていくのである。

たまには素直に、「心の医者」の診断を受け容《い》れてはどうか。結果、この国の沈下をくい止め、再浮上させることができれば、あなた方は決して負けたことにはならないと思う。神の声は、民の声でもあり、それを受け容れただけなのだから。

二〇一二年　三月四日

国師《こくし》　大川隆法《おおかわりゅうほう》

『財務省のスピリチュアル診断』大川隆法著作関連書籍

『日銀総裁とのスピリチュアル対話』（幸福実現党刊）

『国家社会主義への警鐘』（同右）

『沈みゆく日本をどう救うか』（同右）

財務省《ざいむしょう》のスピリチュアル診断《しんだん》
——増税論は正義かそれとも悪徳か——

2012年3月17日　初版第1刷

著　者　大川《おおかわ》隆法《りゅうほう》

発　行　幸福実現党
〒104-0061 東京都中央区銀座2丁目2番19号
TEL(03)3535-3777

発　売　幸福の科学出版株式会社
〒142-0041 東京都品川区戸越1丁目6番7号
TEL(03)6384-3777
http://www.irhpress.co.jp/

印刷・製本　株式会社 堀内印刷所

落丁・乱丁本はおとりかえいたします

ISBN978-4-86395-188-4 C0030
Photo: アフロ／時事

大川隆法ベストセラーズ・日本経済を救う方法

国家社会主義への警鐘

増税から始まる日本の危機

幸福実現党の名誉総裁と党首が対談。保守のふりをしながら、社会主義へとひた走る野田首相の恐るべき深層心理を見抜く。

【幸福実現党刊】

1,300円

日銀総裁とのスピリチュアル対話

「通貨の番人」の正体

デフレ不況、超円高、財政赤字……。なぜ日銀は有効な手を打てないのか!? 日銀総裁・白川氏の守護霊インタビューでその理由が明らかに。

【幸福実現党刊】

1,400円

もしケインズなら日本経済をどうするか

日本を復活させる21世紀の経済学

円高をどう生かすべきか? TPP参加の是非とは? 最強の経済学者の一人、ケインズが、日本を救う財政・金融政策と震災復興策を語る。

【幸福実現党刊】

1,400円

幸福の科学出版

大川隆法ベストセラーズ・希望の未来を切り拓く

繁栄思考

無限の富を引き寄せる法則

豊かになるための「人類共通の法則」が存在する。その法則を知ったとき、あなたの人生にも、繁栄という奇跡が起きる。繁栄の未来を拓く書。

2,000円

不滅の法

宇宙時代への目覚め

「霊界」、「奇跡」、「宇宙人」の存在。物質文明が封じ込めてきた不滅の真実が解き放たれようとしている。この地球の未来を切り拓くために。

2,000円

Think Big!

未来を拓く挑戦者たちへ

志を掲げ、勇気を奮い立たせ、人生のあらゆる困難に打ち克て！
そして、この国の未来を切り拓け！
その成功の鍵が、この一冊にある。

1,500円

※表示価格は本体価格（税別）です。